Markus Dworaczyk
Josef Joachim Menzel

Sankt Annaberg

Oberschlesiens Mitte

KRAFT

Sankt Anna-Berg auf hohem Throne,
In blauen Duft das Haupt gehüllt,
Bist Volkes Freud, des Landes Krone,
Ein Gnadenort, ein Friedensbild.

Alfons Nowack, 1937

*

»Der Annaberg ist ein äußerst schwieriges Gelände.
Das war er schon immer, aber heute gleicht er einem
mit Disteln bewachsenen Minenfeld, über das man
barfüßig zu laufen hat.«

Hans Lipinsky Gottersdorf, 1991

Die Deutsche Bibliothek – CIP-Einheitsaufnahme

Sankt Annaberg: Oberschlesiens Mitte /
Markus Dworaczyk; Josef Joachim Menzel.
Würzburg: Kraft, 1993
ISBN 3-8083-2013-3
NE: Dworaczyk, Markus; Menzel, Josef Joachim

© 1993 by Adam Kraft Verlag, Würzburg
© Fotos by Markus Dworaczyk
Bildlegenden: F. Hooß
Gestaltung: Jürgen Roth, Würzburg
Satz INTERDRUCK Leipzig GmbH
Repro Magenta Lithographie
Druck Graficas Santamaria, S. A.
Verarbeitung Graficas Santamaria, S. A.
ISBN 3-8083-2013-3

Die Wallfahrten vereinen Alt und Jung in gemeinsamer Marienverehrung.
Seit 1992 wird am Ende jedes großen Ablasses eine Lichterprozession gefeiert (S. 12/13).

Glockenturm und Klostergebäude vom Garten aus gesehen.
Links: Der Altarraum der Annaberg-Kirche.

15

Die heilige Anna über »ihrem« Berg ...

16

Herz und Mitte Oberschlesiens – der St. Annaberg

Welcher Oberschlesier, gleich welchen Berufs und Standes, ob jung oder alt, deutsch-, polnisch-, oder mährischsprachig, kennt ihn nicht, den St. Annaberg, das unverwechselbare Wahrzeichen dieses Landes?

Markant und - trotz seiner vergleichsweise geringen Höhe von nur wenigen hundert Metern - weithin nach allen Seiten sichtbar, erhebt er sich annähernd in der geographischen Mitte des Landes aus der flachen Oderebene und lädt dazu ein, ihn zu besuchen, seine kostbaren Kleinode kennenzulernen und von seinem Gipfel auf die ringsum ausgebreitete oberschlesische Landschaft hinabzuschauen: auf die vorbeifließende Oder, auf die fruchtbare, wellige Ackerbauebene im Westen und den Sudetenkamm über ihr, auf die weiten Wälder im Nordosten und das rauchende, schlotereiche Industrierevier im Süden und Südosten.

Wie kein anderer Ort ist der Annaberg gewissermaßen das Herz und die Mitte Oberschlesiens, ausstrahlend und umschließend zugleich in einem nicht nur äußerlichen und vordergründigen, sondern auch tiefen symbolischen Sinne. Denn an diesem Berg werden - wie an einem Kristallisationspunkt - Wesen und Schicksal des oberschlesischen Landes und seiner Menschen, ihrer Geschichte und Kultur ablesbar und bis in die Gegenwart unmittelbar erfahrbar.

Geologisch besteht der bewaldete anmutige Berg (410 m) - die höchste Erhebung des von Osten nach Westen bis in das Odertal streichenden sanften oberschlesi-schen Muschelkalrückens - neben Muschelkalk aus schwarzblauem Basalt. Dieser letztere ist vulkanischen Ursprungs und begründet die Annahme, daß die Bergkuppe von einem erloschenen Vulkan herrührt, in dessen Trichter weiß und rot gebrannter Sand eingeschwemmt worden ist. Die Glut hat auch den Kalkstein ringsum verändert. Der in Zerklüftungen und Einfurchungen zutage tretende Muschelkalk birgt nicht selten Versteinerungen in sich; eiszeitliche Knochenreste, darunter Mammutstoßzähne, sind gefunden worden, fremdartige Pflanzen, die es sonst in der Gegend nicht gab und anderes mehr.

Die Pflanzen- und Tierwelt auf den Hängen und in den Tälern weist noch immer Besonderheiten auf. Unvermutet auftretende Bodenformationen wecken das Interesse der Wissenschaftler. Auf dem benachbarten Steinberg sind zahlreiche vorgeschichtliche Funde gemacht worden. Seltsame Auskavungen regen die Phantasie des Betrachters an.

Die Einzigartigkeit des Berges in seiner näheren und weiteren Umgebung hat wohl zu allen Zeiten die Menschen fasziniert und angezogen und läßt vermuten, daß sich hier - wie beim Zobten in Niederschlesien - schon in früher Zeit eine heidnische Kultstätte befunden hat. Von ihr ist jedoch, falls es sie je gegeben hat, nichts erhalten geblieben. Diese Vermutung wird u. a. durch den für das Mittelalter und später überlieferten Namen »Georgiberg« genährt. So, wie der christliche Ritter St. Georg den Drachen (= das Böse) getötet hat, sollte er offenbar, vielleicht in Gestalt einer

Statue in einer nach ihm benannten Kapelle, den heidnischen Kult auf dem zentralen und markanten Berg verdrängen oder ganz auslöschen. Seit dem 16. Jahrhundert setzte sich – mit der verstärkt aufkommenden Annaverehrung – mehr und mehr der Name »Annaberg« durch. Schließlich kennt die historische Überlieferung noch einen dritten Bergnamen, und zwar »Chelmberg«; er ist offensichtlich von dem lateinischen Wort »culmen« (= Gipfel, Spitze) abgeleitet, konnte sich aber nicht gegenüber dem bald vorherrschenden »Annaberg« durchsetzen. Die Nationalsozialisten strichen das »Sankt« und verkürzten 1941 den Bergnamen offiziell in »Annaberg«.

Im Spiegel der Geschichte Oberschlesiens

Geographisch-naturräumlich ist Oberschlesien der südöstliche Teil Schlesiens beiderseits des Oberlaufs der Oder mit ihren Nebenflüssen (Ostrawitza, Olsa, Ruda, Birawka, Klodnitz, Malapane, Stober rechtsseitig; Oppa, Zinna, Hotzenplotz und Glatzer Neiße linksseitig) zwischen den Südausläufern der Sudeten, den Beskiden und dem Polnischen Jura. Die Oderebene bildet eine breite, natürliche Verbindung zu Mittel- und Niederschlesien und über diese zur Norddeutschen Tiefebene, die Mährische Pforte gewährt einen bequemen Übergang ins March- und Donaubecken, der Jablunka-Paß führt in leichten Steigungen hinüber in die Slowakei und nach Ungarn, das obere Weichseltal öffnet den Weg nach Polen.

Bereits in vorgeschichtlicher Zeit wurde das so nach allen Seiten verkehrsoffene, gleichwohl eine natürliche Einheit in Gestalt einer flachen Beckenlandschaft bildende, um den Annaberg gelegene Land von der berühmten Bernsteinstraße in nordsüdlicher und später im Mittelalter von der Hohen Straße in westsüdöstlicher Richtung durchzogen und damit in übergreifende Zusammenhänge einbezogen.

Seit der Steinzeit siedelten hier Menschen: nach Illyrern und Kelten etwa vom 1. Jahrhundert v. Chr. bis ins 5. Jahrhundert n. Chr. germanische Silingen, die dem Oderland den Namen gaben (Schlesien, polnisch Śląsk, tschechisch Slezsko bedeutet Silingenland). Nach dem Abzug der namengebenden Silingen in der Völkerwanderung sickerten im 5.-7. Jahrhundert Slawen aus ihrer weiter östlich gelegenen Urheimat in losen Gruppen ein. Für das 9. Jahrhundert ist beim sog. Bairischen Geographen, einem Mönch des Regensburger Klosters St. Emmeram, im Gebiet von Oppeln der slawische Kleinstamm der Opolanen, im Gebiet von Troppau–Jägerndorf–Leobschütz–Oberglogau jener der Golensizen bezeugt. Diese Kleinstämme gerieten zunächst im 9. Jahrhundert in böhmische, dann am Ende des 10. Jahrhunderts größtenteils in polnische Abhängigkeit. Doch kam es vorerst zu keiner dauerhaften Klärung der Herrschaftsverhältnisse. Fast 150 Jahre lang stritten Böhmen und Polen mit wechselnder Intensität und wechselndem Erfolg um den Besitz des oberschlesischen Raumes, bis er im Glatzer Pfingstfrieden (1137) entlang des Sudentenkammes

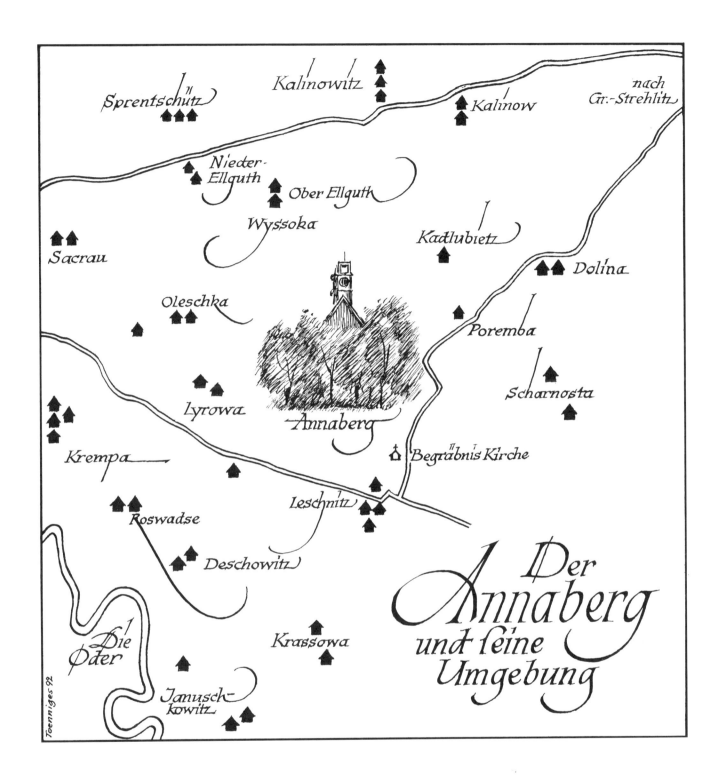

Der Annaberg und seine Umgebung

Toenniges 92

sowie der Zinna–Oder–Ostrawitza zwischen den beiden Rivalen geteilt wurde: Leobschütz, Jägerndorf und Troppau mit jeweiliger Umgebung fielen an Böhmen, der übrige – weitaus größere – Teil an Polen. Die Südgrenze des im Jahre 1000 für ganz Schlesien gegründeten Bistums Breslau folgte im wesentlichen dieser politischen Teilungslinie. Das Gebiet südlich von ihr wurde dem mährischen Bistum Olmütz zugeschlagen. Auf der anderen Seite ragte – gleichsam als Gegenstück im

Osten – das kleinpolnische Bistum Krakau mit seinen Dekanaten Beuthen und Pleß in den oberschlesischen Oderraum hinein. Dieser gehörte somit kirchlich im wesentlichen zum schlesischen, bald zunehmend deutsch geprägten Bistum Breslau, an seinen Rändern aber bis weit in die Neuzeit hinein auch zum kleinpolnischen Krakau und zum mährischen Olmütz.

Die besondere Grenzlage Oberschlesiens und seine Dreipoligkeit, das sich Überschneiden von Grenzen und Überlagern von Zugehörigkeiten, werden bereits hier deutlich. Oberschlesien blieb auch in den folgenden Jahrhunderten im Ausstrahlungs- und Einflußbereich der drei großen benachbarten politischen, kirchlichen, wissenschaftlichen und kulturellen Zentren Breslau, Krakau und Olmütz. In ihrem Spannungsfeld konnte es lange keine gleichrangige eigene Größe und Gestalt gewinnen. Dies gelang erst seit der zweiten Hälfte des 18. Jahrhunderts (auf wirtschaftlichem und technischem Sektor) mit der Entstehung des kraftvolle Akzente setzenden oberschlesischen Industriegebietes.

Bei der Erb- und Herrschaftsteilung Polens nach dem Tode Herzog Boleslaws III. (1138) erhielt dessen ältester Sohn Wladislaw Schlesien (im Umfange der Diözese Breslau) als selbständiges Teilfürstentum zugesprochen. Er war mit der deutschen Kaiserenkelin Agnes von Österreich verheiratet. Von diesem ersten schlesischen Herzogspaar, einem polnischen Piastensohn und einer deutschen Prinzessin, stammen alle schlesischen Piasten ab. Dieses Stammelternpaar hat nicht nur die Sonderentwicklung des schlesischen Piastenhauses eingeleitet, sondern steht zugleich symbolhaft für den weiteren Gang der schlesischen Geschichte.

Bereits wenige Jahre nach seinem Herrschaftsantritt wurde Wladislaw von seinen piastischen Brüdern vertrieben (1146). Er flüchtete mit seiner Familie zu seinem Schwager, König Konrad III., ins deutsche Reich. Hier wurde er standesgemäß auf der königlichen Altenburg (über der gleichnamigen Stadt südlich von Leipzig) untergebracht. Sowohl er wie seine Frau starben im Exil und wurden im nahen Kloster Pegau bzw. im Kloster Pforta a. d. Saale begraben. Das erste schlesische Herzogspaar hat also seine letzte Ruhestätte nicht in Schlesien, sondern in Mitteldeutschland gefunden.

1163 kehrten die Söhne Wladislaws nach 17jährigem Aufenthalt im deutschen Reich mit Unterstützung ihres Vetters Kaiser Friedrich Barbarossa (1152–1190) in ihre angestammte väterliche schlesische Herrschaft zurück. Sie und ihre Nachkommen lehnten sich fortan nicht nur politisch an das Reich an und heirateten deutsche Frauen, sondern nahmen auch ihnen ergebene deutsche Ritter und Mönche, denen bald Kaufleute, Handwerker und Bauern folgten, mit in ihr – im Vergleich mit dem Westen – damals noch wenig entwickeltes Land. Mit Hilfe in großer Zahl herbeigerufener deutscher Siedler wie unter Einbeziehung der einheimischen Slawen und Verwendung der modernen westlichen Organisationsformen des deutschen Rechtes wurde das weithin waldbedeckte, unregelmäßig und dünn besiedelte, kaum erschlossene Oderland im Laufe des 13. und 14. Jahrhunderts gerodet und kultiviert, fruchtbar und volkreich gemacht. Neben einer Vielzahl von Kirchen und Klöstern entstanden bis zum Ausgang des 14. Jahrhunderts mehr als 100 Städte und 1200 Dörfer, davon etwa 40 Städte und 400 Dörfer in Oberschlesien.

Hier lebten so seit der hochmittelalterlichen Besiedlung neu eingewanderte Deutsche und seit der Völkerwanderung ansässige Slawen – zunächst nach eigenen Rechtsnormen, dann zunehmend gemeinsam unter deutschem Recht – friedlich neben- und miteinander. Daraus erwuchs mit der Zeit ein neues verbindendes oberschlesisches Landes- und Stammesbewußtsein.

Der westliche Teil Oberschlesiens, das ehemals geschlossene, im 13. Jahrhundert gerodete Waldland am Fuße der Sudeten, besaß dabei von seiner Genese her einen so gut wie rein deutschen Charakter, während das mittlere und östliche Oberschlesien eine gemischte deutsch-polnische Grundprägung behielt. Hier gab es deutsche Städte, Sprachinseln und Einzeldörfer, das flache Land aber bewahrte auf weiten Strecken – trotz der Übernahme deutscher Rechts- und Wirtschaftsformen – mancherlei slawische Elemente, vor allem in Sprache und Kultur.

Im Laufe der Jahrhunderte vollzogen sich zwar hier und da bald größere, bald kleinere Angleichungen, gab es partielle Wechsel und Veränderungen nach der einen wie der anderen Seite, die mittelalterlichen siedelzeitlichen Grundstrukturen blieben jedoch im wesentlichen erhalten. Eine nennenswerte obrigkeitliche Einflußnahme auf Lebensweise, Volkstum und Sprache ist bis in die zweite Hälfte des 19. Jahrhunderts nicht feststellbar. Diese waren für die Herrschaft, die Grund- wie die Landesherrschaft, kaum von Interesse und Belang, und sie wurden als etwas Selbstverständliches, Vorhandenes hingenommen. Der Einzelne konnte mit seiner Familie und Verwandtschaft in der vertrauten Umgebung so leben und sprechen, wie er es gewohnt war und wollte.

Das südliche Oberschlesien, der alte Golensizengau, der seit 1137 zu Mähren und zum Bistum Olmütz gehörte (= das spätere Troppauer Land), wurde im 13. Jahrhundert ebenfalls von der deutschen Besied-

lung erfaßt. Seitdem lebten hier mährisch-sprechende Slawen Jahrhunderte hindurch ungestört mit Deutschen zusammen.

Der oberschlesische Raum, schon früh auf drei Diözesen aufgeteilt, wurde so nun auch von drei Volkstümern in engem Miteinander bewohnt.

Politisch gehörte der obere Oderraum seit dem 12. Jahrhundert nördlich von Zinna, Oder und Ostrawitza zum polnischen Piastenreich, südlich davon zum Herrschaftsgebiet der böhmischen Przemysliden. Der Zerfall Polens in Teilfürstentümer (1138) führte dazu, daß nach der Rückkehr der schlesischen Piasten aus dem deutschen Exil (1163) – durch weitere innerschlesische Erbteilung und in einzelnen Schritten – in Oberschlesien unter Herzog Mieszko I. (*1211) ein selbständiges, sowohl von Polen wie von Niederschlesien (fortan offiziell Herzogtum Schlesien genannt) dynastisch-politisch unabhängiges Fürstentum Oppeln entstand, das bis an die obere Weichsel und weit in die Diözese Krakau hineinausgriff.

1281 nahm dieses von der schlesischen Herzogslinie abgespaltene Oppelner Herzogshaus seinerseits eine Landesteilung vor, deren Ergebnis die entsprechend verkleinerten vier Fürstentümer Oppeln, Kosel-Beuthen, Ratibor und Teschen-Auschwitz waren. Herzog Kasimir von Kosel-Beuthen löste sich 1289 als erster aus dem längst zerfallenen piastischen Verband und unterstellte sich mit seinem Lande der Lehnsherrschaft König Wenzels II. von Böhmen. 1327 folgten ihm alle übrigen Oppelner (= oberschlesischen) Herzöge. Damit war ganz Oberschlesien politisch ein Teil Böhmens geworden, das seinerseits zum deutschen Reich gehörte. Der König von Böhmen war deutscher Reichsfürst und Kurfürst, ja mehrfach selbst deutscher König und Kaiser. Dem 1320 wiedererrichteten Königreich Polen hat kein Teil Oberschlesiens angehört.

Der bisher schon mährische Teil Oberschlesiens südlich der Zinna, das Troppauer Land, erfuhr 1318 unter einer Nebenlinie der Przemysliden eine Rangerhöhung zum Herzogtum Troppau. Es verband sich ab 1336 in Personalunion, auf Grund der Heirat seines Herzogs Nikolaus II. mit der Piastin Anna von Ratibor, mit dem benachbarten Herzogtum Ratibor. Damit befanden sich das przemyslidische Fürstentum Troppau und das piastische Herzogtum Ratibor in einer Hand. Vom böhmischen König als Oberlehnsherrn wurden die Herzöge von Troppau und die verschiedenen Oppelner Herzöge schon bald als einheitliche Gruppe von Lehnsfürsten im Oderraum anerkannt und seit Beginn des 15. Jahrhunderts zusammenfassend als oberschlesische Herzöge – im Gegensatz zu den niederschlesischen – bezeichnet. Seitdem gibt es den Begriff »Oberschlesien« für das Stromgebiet der oberen Oder, wobei der frühere piastische und der frühere przemyslidische Teil als Einheit angesehen wurden.

Die politische Vereinigung ganz Oberschlesiens mit Böhmen-Mähren zog keine unmittelbaren, mit Eingriffen verbundenen Veränderungen der bestehenden herrschaftlichen, kirchlichen und Volkstumsverhältnisse nach sich. Wohl aber wuchs nun auf allen Gebieten, vor allem auf kulturellem, der Einfluß des westlich orientierten und voll integrierten Böhmen, während jener von Polen her kontinuierlich weiter abnahm: Bildete doch nun die Ostgrenze Oberschlesiens sowohl die Ostgrenze des Königreiches Böhmen wie auch jene des deutschen Reiches, während die alte schlesisch-böhmische Grenze sich zu einer offenen Binnengrenze wandelte. Sichtbarer Ausdruck dessen ist u.a. die beginnende schrittweise Verselbständigung des Bistums Breslau, das sich faktisch von der Kirchenprovinz Gnesen löste und einen exemten Status erlangte.

Die Verbindung ganz Schlesiens mit Böhmen-Mähren dauerte mehr als 400 Jahre und hat das Land nachhaltig geformt. Selbst das in Oberschlesien gesprochene Polnisch wurde bald als Variante des Mährischen angesehen und durch die tschechische Amts- und Schriftsprache abgedeckt. Gleichzeitig ging der sprachliche Entwicklungszusammenhang mit dem Polnischen jenseits der schlesischen Landesgrenze auf dessen Weg zum Hochpolnischen verloren, sodaß hier eine regionale Stagnation, Verkümmerung und Sonderentwicklung unter Einwirkung des Deutschen und Tschechischen stattfand: Ergebnis war das in Oberschlesien bis in unsere Zeit gesprochene sogenannte »Wasserpolnisch«.

Am wohl folgenreichsten erwies sich jedoch der Umstand, daß Oberschlesien nach den verheerenden Hussitenkriegen die aufwühlende, schicksalhafte Zeit der Reformation, der Gegenreformation und des Dreißigjährigen Krieges im Verbande Böhmens und Österreichs durchlebte, ja zutiefst durchlitt und davon äußerlich wie innerlich bleibend geprägt blieb – vor allem auf kirchlich-konfessionellem und auf kulturellem Gebiet.

Nach mehr als 400jähriger Einheit unter böhmischer Hoheit (seit 1289/1327) wurde der oberschlesische Raum dann in der Mitte des 18. Jahrhunderts im Gefolge der drei Schlesischen Kriege (1740-42, 1744-45, 1756-63) zwischen Österreich und Preußen geteilt, wobei ein südlicher Streifen als Österreichisch-Schlesien (1742-1918) und zugleich kleinstes habsburgisches Kronland weiterhin bei Österreich blieb, während der größere nördliche Teil im

»Dieses Closter liegt im Strehlitzer Creiß auf einem ziemlich erhöhten Berge, von wannen man die gantze Gegend um Cosel und über die Oder sehen kann. Diese PP aber gehören in die Polnische Provinz. Oberhalb Leschnitz gelegen.«

Zeichnung von Friedrich Bernhard Werner um 1750

Rahmen Preußisch-Schlesiens (als späterer Regierungsbezirk Oppeln) an Preußen fiel. Auch mit dieser politischen Entwicklung war keine Änderung der Diözesangrenzen und der Volkstumsverhältnisse verbunden. Erst mit dem Preußischen Konkordat 1821 gingen die bisher zum Bistum Krakau gehörenden Dekanate Beuthen und Pleß kirchenrechtlich an das exemte Bistum Breslau über, während die Grenzen des Bistums Olmütz in Oberschlesien bis in unser Jahrhundert (1972) unverändert blieben.

Im Zuge der preußischen Verwaltungsreform von 1815 kamen die beiden niederschlesischen Kreise Neisse und Grottkau sowie 1820 auch der Kreis Kreuz-burg zu dem sich ansonsten auf Preußisch-Oberschlesien erstreckenden Regierungsbezirk Oppeln, der sich damit nach Norden und Nordwesten in altes niederschlesisches Gebiet hinein ausweitete.

Nach dem Ersten Weltkrieg fiel Österreichisch-Schlesien, verkleinert um das Gebiet rechts der Olsa und vergrößert um das sogenannte Hultschiner Ländchen (= Südteil des preußischen Landkreises Ratibor), an die Tschechoslowakei, wo es das tschechoslowakische Schlesien (Slezsko) bildete.

Der Ostteil Österreichisch-Schlesiens (östlich der Olsa) kam an Polen und wurde mit dem ebenfalls an Polen fallenden Ostteil Preußisch-Oberschlesiens zur polnischen Wojewodschaft Schlesien (Śląsk) vereinigt.

Das um das Hultschiner Ländchen und seinen – nach dem Genfer Schiedsspruch polnisch werdenden – Ostteil verkleinerte bisherige Preußisch-Oberschlesien blieb als preußische Provinz Oberschlesien beim Deutschen Reich.

Damit war in der Zwischenkriegszeit das historische – mit dem Naturraum weithin übereinstimmende – Oberschlesien politisch auf die drei benachbarten Staaten Deutschland, Polen und die Tschechoslowakei aufgeteilt (mit an Größe unterschiedlichen Territorien), ohne daß freilich auch eine klare Scheidung der drei Nationalitäten erfolgt wäre. Es blieben größere oder kleinere Minderheiten, vor allem aber viele nicht eindeutig festgelegte Zweisprachige auf allen Seiten. In der Folge wanderten nicht wenige Deutsche, unter polnischem Druck oder weil sie nicht im polnischen Staat leben wollten, ins Reichsgebiet ab. Da die Wojewodschaft Schlesien 1925 in Kattowitz ein eigenes Bistum erhielt, das als Suffragan Krakau unterstellt wurde, kehrte letzteres auf diese Weise erneut in den oberen Oderraum zurück.

Die Rückgliederung des Hultschiner Ländchens 1939 und die während des Zweiten Weltkrieges von den Nationalsozialisten vorgenommenen Grenzänderungen blieben kurzlebig und ohne nennenswerte Wirkung.

Um so einschneidender waren die Veränderungen bei und nach Ende des Zweiten Weltkrieges: Das gesamte deutsche Oberschlesien der Zwischenkriegszeit wurde dem polnischen Staatsgebiet zugeschlagen und kirchlich zunächst in der Apostolischen Administratur und dann der Diözese Oppeln neu organisiert (seit 1972 unter kirchenrechtlicher Einbeziehung des Olmützer Bistumsanteiles). Außerdem erlebte der gesamte oberschlesische Raum durch Flucht, Vertreibung und Aussiedlung einen gewaltigen, erzwungenen Exodus seiner eingesessenen Bevölkerung, von der zunächst vor allem der als rein deutsch geltende Teil betroffen war, während die Zweisprachigen als sogenannte »Autochthonen« größtenteils bleiben durften, sich aber zum polnischen Staat und Polentum bekennen mußten – bei gleichzeitiger Negierung und Unterdrückung alles Deutschen bis in die jüngste Zeit.

Das charakteristische offene Gefüge Oberschlesiens, das 700 Jahre lang, bei wechselnden äußeren Konstellationen, auf einer außerordentlich fruchtbaren, Landeskultur und Wohlstand begründenden, deutsch-polnischen-mährischen Dreiheit beruhte – wobei die jeweiligen Anteile durchaus unterschiedlich in Größe und Stärke waren – ist auf eine beispiellose, ungleiche polnisch-mährische Zweiheit verkürzt. Erst seit kurzem erlebt das in den zurückliegenden Jahrzehnten verdrängte deutsche Element beiderseits der jetzigen polnisch-tschechischen Grenze eine Renaissance.

Der Paradieshof ist ein 36 × 51 m großer rechteckiger Platz vor der Basilika und wird auf drei Seiten von 1768 errichteten Kreuzgängen gesäumt.

25

»Gottesfluren« nannte man die Felder der Oderniederung, aus der sich als höchste Erhebung
der 411 m hohe St. Annaberg erhebt.
Rechts: Vor der Kokerei von Deschowitz/Zdzies-
zowice am Fuße des St. Annaberges. Wie auch
bei dieser Bäuerin ist die jüngste Generation in
den Westen ausgewandert, so daß die zurückge-
bliebenen älteren Menschen oft allein die Feldar-
beit verrichten müssen.

Berühmt ist die Treppe, die zum Paradieshof
und der Basilika führt.
Links: Winterliche Stimmung in St. Annaberg

Alltägliche Arbeiten nach und vor den Wallfahrten und Gottesdiensten ...

Oben: Auf dem Paradieshof in einem der Kreuzgänge die Kapelle der Muttergottes aus Fatima.
Unten: Der an der Außenmauer der Basilika angebrachte Altar ist der hl. Anna gewidmet.

Eingang des Klosters, das im Jahre 1856 bischöflicher Besitz und damit zu einem Diözesanheiligtum wurde.

Oben: Das Deckengemälde stellt das Leben der hl. Anna dar, deren Verehrung bereits in den ersten nachchristlichen Jahrhunderten in Jerusalem begann. Unten: Links vom Hauptaltar der Basilika befindet sich die Kapelle der Muttergottes aus Tschenstochau.

Im Refektorium des Klosters wird vor und nach den Mahlzeiten gebetet. Bereits am 6. August 1656 wurde der erste Schlüssel der Annakirche an die Franziskaner übergeben, die seitdem – mit politisch erzwungenen Unterbrechungen – im Kloster auf dem St. Annaberg leben.
Links: Kanzel in der Basilika der hl. Anna.
Seite 36/37: Die Ordensgemeinschaft orientiert sich an den Regeln des hl. Franziskus.
Folgende Doppelseite: Franziskaner bei einem Spaziergang durch den Klostergarten.

Oben: Anstelle einer ursprünglich dem hl. Georg geweihten Kapelle bauten die Grafen Gaschin eine der hl. Anna gewidmete Holzkirche, die 1733-1749 durch einen Massivbau ersetzt wurde.
Unten: In den Kreuzgängen besteht die Möglichkeit zur individuellen Beichte.

Unter den »Drei Kreuzen« – ein beliebter Ruhepunkt der Pilger nach den Prozessionen.

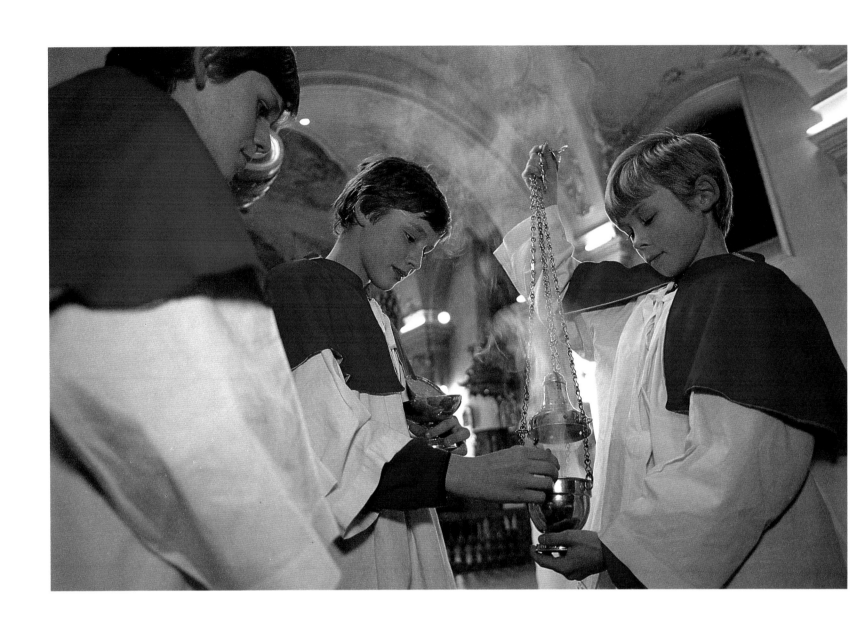

Ministranten bei der Vorbereitung zur Hl. Messe.
Rechts: Junge Franziskaner tragen die Figur der hl. Anna aus der Basilika. Der älteste und
Haupt-Wallfahrtstag war und ist das Anna-Fest am 26. Juli eines jeden Jahres.

*Die Herkunft der vermutlich Ende des 15. Jahr-
hunderts entstandenen Figur ist unbekannt. Von
der ursprünglichen Heiligenfigur, die St. Anna
sitzend darstellte, stammt der letzte Hinweis aus
dem Jahre 1775.*
*Rechts: Täglich kommen viele Besucher aus dem
In- und Ausland zur heiligen Messe auf den
St. Annaberg; das Bild entstand während einer
in deutscher Sprache gehaltenen Sonntagsmesse.*

Das St. Anna-Fest ist das Patronatsfest des Heiligtums. Die Pilger wallfahren zur Lourdes-grotte, wo der Hauptgottesdienst zelebriert wird.

Während des Ablaßfestes am Tag der heiligen Anna versammeln sich in erster Linie Frauen und Mütter, die ihre Schutzpatronin verehren und ihr Gaben bringen.

Der Bischof von Oppeln Alfons Nossol ist oft Gast auf dem St. Annaberg.
Rechts: In Gruppen oder individuell, zu einem großen oder kleinen Ablaß – stets ist der
St. Annaberg von Pilgern belebt.

Oben: Zur Erntedankfestfeier bereitet jede
Gemeinde eine Erntekrone vor, die dann von
den Bäuerinnen auf der Wallfahrt mitgeführt
wird.
Rechts: Während des Erntedankfestes wird die
Heilige Kommunion zelebriert.

Das dargebrachte Brot ist ein symbolisches Zeichen des Dankes der Bauern für eine gute Ernte.

Die Zeit nach der Ernte ist die Zeit der großen Ablässe, die zwei oder drei Tage dauern.

Links: Ein Mädchen in typisch schlesischer Tracht, die ihre Tagesgabe spendet.

Oben und S. 52 rechts: Während der Wallfahrten der verschiedenen Pfarrgemeinden aus der Umgebung bringen die Pilger ihre Gaben in Form von Naturalien dar, mit denen ein Großteil der Franziskaner versorgt wird.

Bergmänner, die in der Geschichte Oberschlesiens bis heute eine wichtige Rolle spielen,
während einer Messe an der Grotte.
Rechts: Alle drei Kirchen und die 37 Kapellen der Kalvarie haben ihren Kapellmeister.

Während der Messe.

Manche Pilger nehmen bereits seit Jahrzehnten an den Wallfahrten teil.

Kinder an der Lourdesgrotte während der Hauptmesse.

Nicht nur Brot und andere Lebensmittel, sondern auch Blumenschmuck werden als Gaben dargebracht.

Jung und Alt harren während der Gottesdienste und Wallfahrten, die zwei bis drei Tage dauern können, oft stundenlang bei jedem Wetter aus.
Links: Hauptamt während einer Sonntagsmesse. Man schätzt, daß jährlich etwa 500000 Menschen den St. Annaberg besuchen.

Auch Musikkapellen gehören zu den Wallfahrten.

Oben: Ein älterer Pilger. Unten: Wie früher die Sprachen der Messen wechselten, so sind auch die Gesang- und Gebetbücher in deutscher und polnischer Sprache abgefaßt.

Oben: Der Franziskanerpater Theophil mit
seinem Kinderchor.
Unten: Ankunft einer Dorfgemeinde beim
St. Annaberg.
Rechts: Gebet während des Kreuzerhöhungspro-
zessionsfestes, das während der ersten Septem-
berhälfte stattfindet und bis zu vier Tage dauern
kann.
Seite 66/67: Die Feste »Maria Himmelfahrt«
und »Heilige Schutzengel« werden im Abstand
von nur zwei Wochen jedes Jahr im August zu
Ehren der Mutter Gottes gefeiert.

64

Wallfahrer auf dem letzten Stück Weg.

An den dreitägigen Feierlichkeiten nehmen Tausende von Wallfahrern in 50 Prozessionen teil.

Gesang und Blasmusik zu Ehren der Mutter Gottes. Nach dem Ankunftstag der Pilger werden die Stationen des Meditationsweges der Mutter Gottes besucht.

Die Stationen des Meditationsweges der Mutter Gottes verlaufen in der entgegengesetzten Richtung zu den Passionsstationen.

Hauptprozession des Kreuzerhöhungsfestes, an der sich die Wallfahrer aller Gemeindeprozessionen beteiligen.

Oben: Ein älterer Pilger, ausgerüstet mit Klappstuhl und Gesangbuch. Unten: Ältere Pilgerinnen lauschen der Andacht, die an den einzelnen Stationen des Meditationsweges vom Leiter der Prozession gehalten wird.

73

Wenn auch anstrengend, so ist es doch eine große Ehre, die Figur der Mutter Gottes zu tragen. Rechts: Trauermusik und Trauergesang begleiten den Zug mit der hingeschiedenen Mutter Gottes. Schmerz und gläubige Anteilnahme sind den Gesichtern dieses oberschlesischen Bergmannes und seines Sohnes abzulesen.

*Auf dem Weg von der Marienkapelle nach
Poremba zur Kirche Maria Himmelfahrt wird
die Prozession durch Predigten mehrfach unter-
brochen.*
*Rechts: Typisch für diese Prozession ist die
schwarze Kleidung der Mädchen.*
*Seite 78/79: Während des Festes Maria Himmel-
fahrt wird die Figur der hingeschiedenen Mutter
Gottes von schwarz gekleideten Mädchen und
Männern getragen.*
*Seite 80/81: Der St. Annaberg im winterlichen
Morgenlicht. Kein anderer Ort drückt symbol-
hafter Geschichte, Religiösität und Lebensgefühl
der Menschen aus wie der 411 m hohe Bergkegel
inmitten der Oderniederung.*

Der Sarg der hingeschiedenen Mutter Gottes wird symbolisch von den 12 Aposteln getragen und beerdigt.

Die Pilgerinnen beten den Rosenkranz und singen Marienlieder. In den Händen tragen sie ein Kalvarienbüchlein, welches seit Generationen benutzt wird.

Andacht vor der Grotte.

Oben: Weder Regen noch Hitze halten die Pilger von den Prozessionen ab. Unten: Im Herbst findet die Prozession der Kreuzerhöhung statt.

Männer tragen die Christusfigur während des Festes der Kreuzerhöhung im September.
Möglicherweise verstehen sie diese »harte Arbeit« auch als Teil der Buße.

Der Christusplastik folgt die unabsehbare Menge der Pilger.

*Auch dieses Kreuz wird während der ganzen Prozession von immer
denselben Personen getragen.*

*Seit sieben Jahren pilgert diese 1900 geborene Frau die gesamte Strecke des Passionsweges mit
seinen 28 Stationen. Dieser beginnt bei der St. Raphaelskapelle unweit der Lourdesgrotte und
führt über den Ölberg des Josaphat-Tales und das Osttor zu den Kapellen des Hannas und
Kaiphas, Pilatus und Herodes. Nach einer Pause für die Mahlzeit beginnt der eigentliche
Kreuzweg mit seinen 14 Stationen.*

Die Prozession trifft im Paradieshof ein.

In sich versunken erleben die Pilger bei allen größeren Kapellen Meditation und Andacht.

Während der Prozession finden sieben oder acht Andachten mit Franziskanerpatres oder auch anderen Priestern statt.

Aufmerksamer Ernst spiegelt sich im Gesicht dieses jungen Ministranten.

Die Prozession ist auch Gelegenheit zu Gespräch und Geselligkeit.

Nach dem Hauptamt werden die Bergmänner und ihre Kapellen von den Franziskanern zum Biertrinken eingeladen. Das Fest im Klostergarten ist mittlerweile fester Bestandteil der Prozession.

95

Links, oben und nachfolgende Seiten: Erst seit 1992 wird die Lichterprozession am Ende jedes großen Ablasses gefeiert. Bis dahin fand das Treffen bei Kerzenlicht nur zum Abschluß des Kreuzerhöhungsfestes als fester, traditioneller Bestandteil der Feierlichkeiten statt. Auf diese Weise wird das Fest bereits seit vielen Jahren verabschiedet.

Die Kirche des Heiligen Kreuzes ist eine der 37 Kapellen auf dem St. Annaberg.

Die sogenannte »Heilige Treppe« und die Kapelle des Pilatus.

Die Kapelle, in der das Gefängnis Jesu, seine Verhöhnung durch die römischen Soldaten und die Juden dargestellt wird.
Seite 105 oben: Die Kapelle des dritten Sturzes Jesu auf seinem Leidensweg.
Seite 105 unten links: Die Kapelle an dem Bächlein Cedron.
Seite 105 unten rechts: In der alten Kartause wohnt seit einigen Jahren die Organistin.

*Eine der vielen Kreuzwegstationen, die aus Fels-
blöcken erbaut sind.
Nach dem Muster der Felsengrotte in Lourdes
wurde in den Jahren 1912–14 aus Kalkstein die
Grotte gebaut. Der Platz wird von Kreuzwegstationen gesäumt, auf dem die Hauptgottesdienste
während der großen Feste, Ablässe und Wallfahrten mit Tausenden von Pilgern stattfinden.*

Denkmal des Märtyrers und Schutzheiligen Böhmens Johannes von Nepomuk.

Ruhe kehrt am St. Annaberg erst ein, wenn keine Wallfahrten und Gottesdienste veranstaltet werden.

109

In den Jahren 1929-38 wurde mit Hilfe von
Spenden das Pilgerheim erbaut, in dem bis zu
2 000 Pilger eine Herberge finden.
Rechts: Der Franziskanermönch Jacek in seiner
Werkstatt, in der Figuren für Krippen geschnitzt
und restauriert werden.

Der Herbst ist die Zeit der Ernte ...

Oben: Constantine Pyka, die 1908 geboren wurde, sorgt seit vielen Jahren allein für die Gräber
der deutschen Soldaten auf dem Klosterfriedhof.
Unten: Nicht nur die großen Prozessionen und Feste sind Anlaß zu Wallfahrten ...

Oben: Einige der Marktstände stehen schon seit der Zeit vor dem Zweiten Weltkrieg.
Unten: Manchmal haben auch die Händlerinnen die Zeiten überdauert. Einige sind schon seit
Jahrzehnten hier.

Oben: Blick auf St. Annaberg von Deschowitz aus.
Unten: Der Altar, von dem Papst Johannes Paul II. 1983 zur Krönung des Gnadenbildes der Mutter
Gottes von Oppeln die Messe las, ist mitten auf einem Acker.
S. 116/117: Das an die Geschehnisse von 1921 erinnernde deutsche Ehrenmal wurde in ein polnisches
umgewandelt.

Figur des heiligen Franziskus in der Klostermauer.
Rechts: Der verschneite Ort am St. Annaberg, in dem man nun seit Jahrhunderten mit und
von den Wallfahrten lebt.

Wie diese ältere Frau schätzen viele das individuelle Pilgern - ohne besonderen Anlaß und Feiertag, nur mit sich selber, der Natur und der Andacht für die heilige Anna allein.

Die oberschlesische »Schweiz des Ostens«, das dreisprachige, dreikulturelle, farbige historische »Kleineuropa des gelebten Alltags« an der oberen Oder gibt es in der alten Weise nicht mehr – wie es auch schon seit 1918 die Dreikaiserecke beim oberschlesischen Myslowitz nicht mehr gibt, wo einst die drei Ost- und Mitteleuropa beherrschenden Großmächte der Zeit, Deutschland, Österreich und Rußland, aneinander grenzten und die zentrale Brückenlage Oberschlesiens im damaligen Europa deutlich machten. Die Gewichte und Koordinaten haben sich von Oberschlesien weg verschoben.

Das jahrhundertelange konfliktfreie, sich vorteilhaft auswirkende Zusammenleben der Nationalitäten in Oberschlesien hatte einen wichtigen Grund vor allem darin, daß sich die mittelalterliche Ostsiedlung, die die Deutschen als begehrte Arbeitskräfte und Spezialisten zu den einheimischen Slawen polnischer und mährischer Zunge ins Land brachte, in völlig geordneten, rechtlichen und konstruktiven Bahnen und als die vorhandenen Lebensbedingungen in jeder Hinsicht nachhaltig verbessernder, die Landeskultur in nahezu allen Bereichen spürbar anhebender Prozeß vollzog. Dieser kam allen Beteiligten zugute und schadete niemandem erkennbar.

Nicht wenig hat aber auch die Kirche dazu beigetragen, indem sie die Menschen – Einheimische wie hinzugekommene Fremde – vorbehaltlos in ihrer jeweiligen Muttersprache religiös betreute, so wie dies das vierte Laterankonzil (1215) verbindlich dekretiert hatte: »In vielen Gebieten leben innerhalb der gleichen Gemeinde und Diözese Völker verschiedener Zungen miteinander vermischt; sie haben bei gemeinsamem Glauben verschiedenartige Riten und Bräuche. Wir erteilen den Bischö-

fen dieser Gemeinden und Diözesen den strengen Befehl, geeignete Männer zu bestellen, die für jene Leute in ihren verschiedenen Riten und Sprachen Gottesdienst halten, die kirchlichen Sakramente spenden und sie durch Wort und Beispiel belehren sollen.«

Genau in dieser Weise wurde, quellenmäßig belegt, von Anfang an in der Schlesien umspannenden Diözese Breslau verfahren: Die deutschen Gemeinden in Stadt und Land erhielten deutsche Geistliche, die polnischen behielten ihre polnischen. Der sogenannte Breslauer Fasten-Streit (1248) wurde durch den päpstlichen Legaten Jakob von Lüttich mit der strikten Weisung beendet, die polnischen Gläubigen sollten wie bisher nach polnischer Gewohnheit fasten (ab Septuagesima), die deutschen nach deutscher Gewohnheit (ab Aschermittwoch) und keiner den anderen deswegen scheel anschauen; dabei sollte sich der Bischof nicht einmischen.

Der im Gründungsbuch des Klosters Heinrichau (1270) enthaltene älteste Satz in polnischer Sprache wurde von einem Böhmen (Tschechen) gesprochen und von einem deutschen Mönch gehört und aufgeschrieben. Eine polnische Bäuerin war als Angesprochene nur passiv beteiligt. Der Satz ist also ein böhmisch-polnisch-deutsches Gemeinschaftswerk des 13. Jahrhunderts.

Der älteste schlesische Druck (die Breslauer Synodalstatuten Bischof Rudolfs von Rüdesheim) erfolgte 1475 dreispaltig in lateinischer, deutscher und polnischer Sprache.

An der Oppelner Kreuzkirche, der heutigen Bischofskirche, gab es jahrhundertelang einen Seelsorger für die Deutschen (curatus Germanorum) und einen Seelsorger für die Polen (curatus Polonorum). Als diese einmal im 17. Jahrhundert wegen der zweisprachigen Gläubigen, die von beiden für die eigene Zuständigkeit beansprucht wurden (es ging dabei um die Höhe der Einnahmen aus den sogenannten »Stolgebühren«), untereinander in Streit gerieten, verfügte der Breslauer Archidiakon als Visitator und Streitschlichter, daß die betroffenen zweisprachigen Gläubigen und gemischtsprachigen Brautpaare selbst entscheiden sollten, von welchem der beiden Seelsorger und in welcher Sprache sie die Sakramente gespendet haben wollten.

Noch Kardinal Bertram verfaßte in unserem Jahrhundert seine Hirtenbriefe in deutscher und polnischer Sprache und überließ es den örtlichen Pfarrern, sie in deutscher, polnischer oder in beiden Sprachen zu verlesen. In zweisprachigen oberschlesischen Pfarrgemeinden fanden bis zum Verbot durch die Nationalsozialisten Ende der 30er Jahre sonn- und feiertags Gottesdienste jeweils in deutscher und in polnischer Sprache statt, wobei häufig in wöchentlichem Rhythmus zwischen Frühmesse und Hochamt gewechselt wurde.

Bei den Wallfahrten auf den St. Annaberg war dies nicht anders. Gerade hier war die Kirche intensiv bemüht, jeden Wallfahrer und Besucher in seiner Muttersprache zu empfangen und zu betreuen. Der vielbesuchte Annaberg steht damit symbolisch für diese großartige oberschlesische, wahrhaft christlich-humane und europäische Tradition. So ist es nur folgerichtig, daß 1989 von hier aus – nach 40 Jahren der Unterbrechung – wieder die Gottesdienstfeier in deutscher Sprache in Oberschlesien ihren Ausgang genommen hat.

Im staatlichen Bereich hat die auch hier jahrhundertelang vorhandene sprachliche Unvoreingenommenheit und Toleranz erst mit dem Aufkommen des Nationalismus im 19. Jahrhundert Einschränkungen und negative Änderungen erfahren, wobei Phasen mehr oder weniger starker Behinderung und Bedrückung mit liberaleren abwechselten. Hinzu kam unglücklicherweise, daß sich die mehr und mehr zuspitzende Nationalitätenproblematik mit konfessionellen und sozialen Momenten zu einem schwer entwirrbaren Knäuel verknüpfte und dadurch über Gebühr verstärkte.

Im Gegensatz zum benachbarten Niederschlesien, wo die Reformation sich im 16. und 17. Jahrhundert auf breiter Front durchgesetzt hatte, war Oberschlesien ganz überwiegend katholisch geblieben beziehungsweise im Zuge der Gegenreformation, vor allem auf Betreiben der katholischen österreichisch-habsburgischen Landesherren und unter Einsatz ihrer Machtmittel, wieder katholisch geworden. Der in der Mitte des 18. Jahrhunderts an Preußen fallende Teil Oberschlesiens erhielt damit nun aber in den Berliner Hohenzollern eine neue, bewußt protestantische Landesherrschaft und Beamtenschaft, die in den katholischen Oberschlesiern – allein schon wegen des benachbarten Österreichisch-Schlesien – insgeheime Österreich-Anhänger mit unsicherer preußischer Loyalität vermutete. Deshalb wurden bevorzugt protestantische, deutsche und unbedingt preußisch gesinnte Beamte und Militärs nach Oberschlesien geschickt und die hier lebende kleine Gruppe von Evangelischen nachhaltig gefördert. Auf diese Weise entstand in Oberschlesien eine überwiegend von außen kommende neue preußische, protestantische politische Führungsschicht, die sich infolge der gleichzeitigen Industrialisierung des Landes auch stark in den wirtschaftlichen Bereich hinein ausweitete und der Masse der einheimischen katholischen Bevölkerung privilegiert gegenüberstand.

St. Annaberg (Zeichnung von J. Sterzl)

Bis ins 18. Jahrhundert war Oberschlesien ein stark gutsherrschaftlich bestimmtes Agrargebiet. Seit etwa 1790 entstand in seinem östlichen Teil, zunächst unter Führung des preußischen Staates, dann des grundbesitzenden Adels, das zweitgrößte deutsche Industriegebiet mit Steinkohlenbergbau, Eisen- und Zinkverhüttung. Auf engem Raum erwuchsen in der zweiten Hälfte des 19. Jahrhunderts mehrere Großstädte, eine Reihe von Mittelstädten und volkreiche Arbeiterdörfer. Die leitenden Schichten der Industrie und Verwaltung kamen vorwiegend aus Niederschlesien und dem übrigen Reichsgebiet. Die Arbei-

termassen entstammten zum größten Teil dem starken natürlichen Bevölkerungsüberschuß Oberschlesiens, zu einem kleineren Teil den angrenzenden polnischen Gebieten, aus denen sie zuwanderten.

Die mit der Industrialisierung entstehenden sozialen Spannungen wurden durch konfessionelle zwischen den alteingesessenen Katholiken und den meist evangelischen deutschen Zuwanderern, die oft in gehobene Positionen einrückten, vermehrt. Dazu kam seit der Mitte des 19. Jahrhunderts im Zuge des allgemeinen nationalen Erwachens der osteuropäischen Völker eine »polnische Bewegung«, die von Krakau und Posen her initiiert und gefördert wurde. Der Kulturkampf und die staatliche Förderung des Deutschtums auf der anderen Seite verschärften die aufkeimenden Gegensätze. 1903 wurde in Oberschlesien, das bis dahin fast nur Zentrumsabgeordnete entsandt hatte, erstmals ein (1) Abgeordneter der Polenpartei in den Deutschen Reichstag gewählt, Wojciech Korfanty, der zu einer Symbolgestalt der polnischen Bewegung in Oberschlesien wurde (1907: 5 polnische Abgeordnete, 1912: 4 polnische Abgeordnete, von jeweils 12 oberschlesischen Abgeordneten insgesamt). Die große Mehrheit der Bevölkerung bewahrte dabei im Bewußtsein schlesischer Zusammengehörigkeit die in vielen Jahrzehnten gewachsene preußische Staatsgesinnung sowie die Verbindung von »wasserpolnischer« Haus- und deutscher Schriftsprache.

Unter den Parteien war das Zentrum die weitaus stärkste politische Kraft in Oberschlesien. Unterstützt von zahlreichen katholischen Vereinen und Organisationen, trat es nicht nur für die politischen, sondern auch für die kirchlichen, kulturellen und sozialen Belange der deutschsprachigen wie der polnischsprachigen Oberschlesier ein. Die Sozialdemokratie spielte daneben nur eine untergeordnete Rolle.

Der Ausgang des Ersten Weltkriegs und die Erneuerung des polnischen Staates verschärften die sich bis dahin in Grenzen haltenden nationalen Spannungen in Oberschlesien. Ein Teil der polnischsprachigen Bevölkerung erstrebte nun den Anschluß an die polnische Republik, wogegen die deutschsprachige Bevölkerung ihre Verbundenheit mit dem Reich betonte. Auch viele Anhänger der Arbeiterbewegung setzten sich für einen Verbleib Oberschlesiens bei Deutschland ein.

Im Versailler Vertrag 1919 wurde das Hultschiner Ländchen ohne Befragung der Betroffenen der Tschechoslowakei zugesprochen, für das übrige Oberschlesien – mit Ausnahme der rein deutschen Kreise im Westen – eine Volksabstimmung vorgesehen. Dabei waren auch die etwa 200 000 im Abstimmungsgebiet geborenen, aber seither – meist in den Westen des Reiches, kaum nach Osten – abgewanderten Oberschlesier stimmberechtigt. Der Abstimmung ging eine Besetzung des Landes durch französische, englische und italienische Truppen voraus, die aber die Sicherheit nicht gewährleisten konnten. In drei Aufständen (1919, 1920 und 1921), die vom polnischen Staatsgebiet her geführt wurden, versuchten die Polen vollendete Tatsachen zu schaffen. Die Abwehr lag vor allem in der Hand von Freiwilligenverbänden aus allen Teilen Deutschlands.

Am 20. März 1921 erklärten sich in einem international überwachten Plebiszit rund 60 % der stimmberechtigten Oberschlesier für den Verbleib beim Deutschen Reich, rund 40 % für den Anschluß an Polen. In fast allen Orten, ländlichen wie industriellen, lag der Anteil der deutschen Stimmen höher, meist wesentlich höher, als jener der deutschen Muttersprache nach der letzten Volkszählung von 1910. Das zeigt, daß sich in Oberschlesien Umgangssprache und nationales Bekenntnis nicht deckten. Es gab hier eine historisch gewachsene, breite Schicht sogenannten »schwebenden Volkstums«, das sich nicht ohne weiteres aufgrund äußerer Kriterien einer bestimmten Nationalität zuordnen ließ, sondern sich erst in der persönlichen Entscheidung und im Bekenntnis des einzelnen als deutsch oder polnisch konkretisierte.

Die 1922 vorgenommene Teilung Oberschlesiens entsprach – den Bevölkerungszahlen nach – nur annähernd dem Abstimmungsergebnis (rund 44 % deutsche

Stimmen blieben im polnischen Teil, rund 29 % polnische im deutschen Teil) und gab den größten Teil des Industriegebietes mit 85 % der abbauwürdigen Kohlelager an Polen. Die neue Grenze zerschnitt das Industriegebiet und viele einzelne Anlagen. Die dadurch bedingten wirtschaftlichen Schwierigkeiten wurden durch das 1922 zwischen dem Deutschen Reich und Polen für 15 Jahre geschlossene Genfer Abkommen gemildert. Es beinhaltete auch Bestimmungen zum Schutze der beiderseitigen nationalen Minderheiten. In Deutsch-Oberschlesien sank in der Folgezeit der Anteil der polnischen Wahlstimmen stetig bis auf knapp 2 % im Jahre 1932; in Polnisch-Oberschlesien hielt sich der Anteil der deutschen Wahlstimmen bei über 30 %.

Im Zusammenhang mit dem Dritten polnischen Aufstand im Mai 1921, der das

Ergebnis der für Polen enttäuschenden Volksabstimmung durch Schaffung vollendeter Tatsachen revidieren sollte, erlangte der Annaberg auch eine bis dahin nicht vorhandene, politisch überspitzte nationale Bedeutung. Die strategisch herausragende und zugleich symbolträchtige Anhöhe wurde von den polnischen Aufständischen besetzt, konnte aber von ihnen nicht gehalten werden, sondern wurde von anrückenden deutschen Freikorps und Selbstschutzverbänden nach heftigem Kampf erobert. Dabei gab es auf beiden Seiten einige Dutzende von Toten und Verwundeten. Dieser »Kampf um den Annaberg« wurde von Siegern wie Besiegten einseitig nationalistisch heroisiert und glorifiziert sowie zu einem nationalen Mythos hochstilisiert. Da der Berg bei Deutschland blieb, konnten ihn die Nationalsozialisten in den 30er Jahren zu völkischer, antipolnischer und antikirchlicher Propaganda benutzen. An seinem Westhang unterhalb der Wallfahrtskirche errichtete man über einer Steilwand des Kuhtals ein Reichsehrenmal. In der 1938 eingeweihten Rundhalle wurden die Särge von 50 im Kampf um den Annaberg und in Oberschlesien Gefallenen beigesetzt. Eine gleichzeitig errichtete riesige Thingstätte (im Halbrund mit 100 000 Plätzen) und eine weitläufige Jugendherberge sollten politischen Massenveranstaltungen dienen und den unerwünschten religiösen Charakter des Berges überlagern und verdrängen.

Dieses von den Nationalsozialisten erstrebte Ziel wurde jedoch nicht erreicht. Der Annaberg blieb für die große Mehrzahl der Oberschlesier das, was er immer war, ein religiöses Zentrum, die hohe und heilige Mitte des Landes.

Nach dem Zweiten Weltkrieg sprengten polnische Nationalisten und Kommunisten das deutsche Ehrenmal und errichteten an seiner Stelle ein nicht besseres polnisches. Auch sie scheiterten – wie vor ihnen mit umgekehrten Vorzeichen die Nationalsozialisten – mit ihren Bemühungen, den Berg für die nationale Sache zu vereinnahmen. Daran vermag auch die angebrachte deklamatorische Inschrift nicht das geringste zu ändern.

So ist der Annaberg heute wieder – wohl kaum bestritten – wie eh und je der gemeinsame heilige Berg aller Oberschlesier, der Daheimgebliebenen wie der Vertriebenen, der Ausgesiedelten wie der Neuzugewanderten. Über die offene südliche Grenze können auch mährische Oberschlesier wieder zu ihm pilgern. Den guten und bewährten Traditionen Oberschlesiens folgend, schiene es daher an der Zeit, für alle auf den Hängen des Annabergs Verwundeten und Gefallenen sowie in den nationalen Auseinandersetzungen der Vergangenheit in Oberschlesien zu Tode Gekommenen gemeinsam in christlichem und europäischem Geiste zu gedenken.

Berg der heiligen Anna zu Ehren

Im Zusammenhang mit der von den Franziskanern verbreiteten Lehre von der Unbefleckten Empfängnis Mariens erlebte der Kult der heiligen Anna, der Mutter Mariens und Mutter der Mutter Jesu, im Spätmittelalter eine Hochblüte, gerade auch in Deutschland, wo das erste Anna-Patrozinium 1125 in der Diözese Minden erscheint. Um 1350 war ihr Fest (am 26. Juli) in weiten Teilen des Abendlandes verbreitet. Papst Gregor XIII. bestätigte es 1584 für die ganze Kirche, Papst Gregor XV. machte es zum gebotenen Feiertag (1623). In Breslau beschloß eine Synode 1509, das Fest der heiligen Mutter Anna in der Diözese als officium duplex (hohes Fest) zu begehen. Der damalige Breslauer Bischof und Humanist Johannes Turzo (1506–1520) pries St. Anna mit den Worten: »St. Anna hat sich durch ihre Wundertaten dem ganzen Erdkreis so verehrungswürdig gemacht, daß in der ganzen Christenheit kein Ort ist, dem diese heilige Matrone nicht irgendeine höchste Wohltat erwirkt hätte. Das ist sie, die selige Anna, in deren Mutterschoß der Fluch des ersten Elternpaares gehemmt wurde, der Segen seinen Anfang nahm und der uralte Schandfleck durch die Kraft der Reinigung zu heilen und zu schwinden begann.«

In der Diözese Breslau gab es bereits im Mittelalter eine Vielzahl von Annakirchen und -kapellen, allein im Archidiakonat Breslau 29 und im oberschlesischen Archidiakonat Oppeln 9. Die Annakapelle an der Franziskanerkirche in Oppeln ist die älteste ihrer Art in Oberschlesien (1309).

St. Anna galt als Patronin der Ehe, der Mütter, Witwen, Gebärenden, Wöchnerinnen; sie wurde um Kindersegen angerufen. Zugleich war sie, personifizierter Ausdruck der Mütterlichkeit, die gütige Beschützerin der Armen und Schwachen, der sozial Schlechtgestellten und des Gesindes sowie der stets gefährdeten Bergleute und Schiffer.

Besondere Anna-Wallfahrtsorte bildeten die Anna-Kirche in Düren/Niederrhein (wo seit 1501 das Haupt der heiligen Anna aufbewahrt wurde), die Anna-Kapelle in Brakel/Westfalen und der Kreuzberg/Bayern sowie verschiedene von Wallfahrten aufgesuchte Orte mit Namen Annaberg – wie der Annaberg bei Mariazell in Österreich, bei Haltern in Westfalen, bei Sulzbach in der Oberpfalz, im sächsischen Erzgebirge, bei Steinerberg in der Schweiz – und eben unser Annaberg in Oberschlesien.

Dessen Anfänge liegen jedoch völlig im Dunkeln. Für das Mittelalter und die frühere Zeit gibt es keinerlei direkte Nachrichten. Lediglich ein paar Rückschlüsse aus den im 16. Jahrhundert einsetzenden schriftlichen Quellen sind möglich. So wird in der Gründungsurkunde des Franziskanerklosters auf dem Annaberg vom 6. Februar 1657 auf eine von dem bereits zitierten Breslauer Bischof Turzo am 25. Juni 1516 ausgestellte Urkunde Bezug genommen, mit der dieser die durch den adligen Herrn Nikolaus Stral (Strela, Strzela) von Poremba erfolgte Übertragung der St. Annakirche auf dem Chelmberg in die Betreuung des Pfarrers von Leschnitz am Fuße des Berges bezeugt. Der Chelmberg gehörte zum Gutsbesitz Poremba. Demnach hat die Annakirche auf dem Berg damals (1516) bereits bestanden. Die Annahme liegt nahe, daß Vorfahren des Nikolaus Stral sie erbaut hatten. Da ein Christoph Stral mit seinem Sohn Christek – die Stral sind die ersten bekannten Besitzer des Chelmberges – nachweislich im Jahre 1480 ein größeres Darlehen aufnahm, wird vermutet, daß er damit den Kirchbau finanzieren wollte. Bezugnehmend auf dieses nicht direkt belegte Gründungsjahr 1480 wurde 1980 das 500-jährige Bestehen der Kirche auf dem Annaberg und der dortigen Annaverehrung festlich begangen.

In der anfänglich wahrscheinlich aus Holz erbauten Kirche auf dem Chelmberg stand zunächst eine kleine Figur der heiligen Anna, die sitzend Maria auf dem Arm trug, während sich das Jesuskind an ihr Knie anlehnte. Der Verbleib dieser zuletzt 1775 erwähnten Figur ist unbekannt. Sie wurde in der Kirche bereits zu Anfang des 17. Jahrhunderts durch die heute vorhandene Anna-Selbdritt-Darstellung ersetzt: Die sitzende, in einen Mantel gehüllte und bekrönte Anna trägt auf dem rechten Arm ihren Enkel Jesus, auf dem linken ihre Tochter Maria, welche als neue Eva einen Apfel in der Hand hält.

Die 55 cm hohe, fein geschnitzte und bemalte Plastik aus Lindenholz bildet zugleich ein Kopfreliquiar, das Annareliquien enthält, und stammt aus dem Ende des 15. Jahrhunderts. Näheres über Entstehung und Herkunft der Statue ist nicht bekannt. Was die Reliquien betrifft, so erwarb Herzog Georg der Bärtige von Sachsen, der Gründer der seit 1499 St. Annaberg (mit Annakirche) genannten neuen Stadt auf dem Pöhlberg im Erzgebirge, im Jahre 1504 Annareliquien aus dem Kloster Ville bei Lyon, wohin sie der Überlieferung nach Kreuzfahrer gebracht hatten. Partikel davon verschenkte er noch im gleichen Jahre – für treue Dienste – an den mit ihm befreundeten schlesischen Freiherrn Sigismund von Maltitz. In dessen Familie verblieben sie, bis sie in den Besitz der Freifrau Anna Ma-

ria von Maltitz, verheiratete von Kochtitzky, gelangten. Deren Mann, kaiserlicher Kammerrat und Landeshauptmann von Neisse, kam 1609 in das bischöfliche Ujest, etwa 15 km südlich des Annaberges gelegen, wo er um 1630 starb. Seine zuletzt 1611 lebend bezeugte Frau Anna Maria starb vor ihm. Ihrem (letzten) Willen entsprechend übereignete Freiherr Nikolaus von Kochtitzky die Anna-Selbdritt-Statue mitsamt den Reliquien der Annaberg-Kirche zur öffentlichen Verehrung. Die Übertragung auf den Berg erfolgte zwischen 1611 und 1630 im Rahmen einer feierlichen Prozession. Diese neue Statue mit ihren Anna-Reliquien verlieh der bereits bestehenden Annaberg-Wallfahrt, über die schon im Jahre 1599 berichtet wird, einen ungemeinen Auftrieb. Kurze Zeit später (1631–1634) ging die Gutsherrschaft Poremba mit dem zugehörigen Annaberg durch Kauf in die Hand des Grafen Melchior Ferdinand von Gaschin, eines treuen kaiserlichen Gefolgsmanns, über. Er bemühte sich alsbald, im Sinne der Gegenreformation – die Annaberg-Kirche war zeitweilig lutherisch gewesen, Leschnitz hatte protestantische Grundherren – um eine angemessene Betreuung der wachsenden und bewußt geförderten Annaberg-Wallfahrt durch Ordensleute. Der bisher dafür zuständige Pfarrer von Leschnitz konnte nämlich dieser Aufgabe nicht mehr in dem gewünschten Maße nachkommen.

Von Gaschins langjährige, durch den 30jährigen Krieg und die Turbulenzen der Zeit behinderte Bemühungen waren schließlich von Erfolg gekrönt. Die zur kleinpolnischen Reformaten-Provinz Krakau gehörenden Franziskaner in Gleiwitz, die in ihrem Kloster in bedrückender Enge lebten, erklärten sich bereit, die Seelsorge auf dem Annaberg zu übernehmen. Am 6. August 1656 wurde ihnen der Schlüssel

Stahlstich um 1885, nach einer Zeichnung von Theodor Blätterbauer

zur Annaberg-Kirche feierlich übergeben, nachdem zuvor die Rechte der Pfarrei Leschnitz in aller Form aufgehoben worden waren. Graf Melchior Ferdinand von Gaschin schenkte den Mönchen ein großes Gelände neben der Kirche, erbaute ihnen ein Kloster und sicherte ihren Lebensunterhalt durch feste Einkünfte. Weil die Fürstentümer Oppeln und Ratibor 1645–1666 vom Kaiser an die polnische Krone verpfändet waren, bestätigte auch der polnische König Johann Kasimir (als Pfandherr) durch seinen Statthalter, den Grafen von Oppersdorf in Oberglogau, die Abmachung vom 16. Juni 1657.

Der fromme Graf Melchior plante desweiteren, zur Erbauung des katholischen oberschlesischen Volkes auf dem flacheren Ostabhang des Annaberges, der der geographischen Situation in Jerusalem mit Erhebungen und Tälern ähnelte, eine Kalvarie zu errichten, d. h. auf einem mehrere Kilometer langen Weg durch bewaldetes hügeliges Gelände den Leidensweg Christi vom Haus des Pilatus bis nach Golgotha durch eine Anzahl von Kapellen, deshalb »Neues Jerusalem« genannt, nachzubilden. Er starb jedoch 1665, ohne den Plan verwirklichen zu können, traf aber entsprechende testamentarische Verfügungen. Sein ihn beerbender Neffe, Graf Georg Adam von Gaschin, führte nach den notwendigen Klärungen und Vorbereitungen die geplante Kalvarie aus. Im Jahre 1700

129

begann er unter Heranziehung des Italieners Dominikus Signo in Oppeln mit der Errichtung von drei größeren und 30 kleineren Kapellen für Kalvarienandachten, wie sie damals als Ausdruck barocker Volksfrömmigkeit und zum Zwecke der Volksmission an zahlreichen Orten des Habsburgerreiches entstanden. Bald stellte sich aber heraus, daß nach Fertigstellung der Anlage 1709 weder der Pfarrer von Leschnitz, noch vor allem die Franziskaner auf dem Annaberg bereit waren, die mit erheblicher zusätzlicher Arbeit verbundene religiöse Leitung der Kalvarien-Andachten zu übernehmen. Alles Zureden half nichts, die Franziskaner verweigerten sich beharrlich; wohl auch deshalb, weil sie als Angehörige der kleinpolnischen Reformatenprovinz eine unerwünschte Konkurrenz des Annaberges für die polnischen Wallfahrtsorte jenseits der schlesischen Grenze befürchteten. So begann, als Graf Georg Adam von Gaschin 1719 starb, die nach wie vor ungenutzte schöne Anlage zu verfallen.

Da trat 1741ff. ein grundlegender politischer Wandel ein. Ganz Schlesien mit dem größten Teil Oberschlesiens, einschließlich des Annabergs, wurde preußisch. Der neue Landesherr, König Friedrich der Große, war Protestant und stand allem Katholischen fremd und reserviert, ja mit Mißtrauen gegenüber.

Ordensverbindungen und Wallfahrten über die preußischen Grenzen hinaus wurden verboten. Das katholische Oberschlesien wurde, soweit als möglich, von seinen katholischen Nachbarländern abgeschnitten und auf sich selbst gestellt. Die bisher zur kleinpolnischen Franziskaner-Provinz gehörenden Franziskaner in Gleiwitz und auf dem Annaberg (sowie im neuschlesischen Pilica) verselbständigten sich, schlossen sich zu einer eigenen schlesischen Kustodie zur heiligen Anna zusammen und

übernahmen ab dem Fest Kreuzerhöhung (14. September) 1764 die spirituelle Betreuung der Kalvarien-Anlage. Deren verfallene Kapellen ließ Graf Anton von Gaschin (*1796) wiederherstellen und baute noch drei weitere hinzu. An der Eröffnung der Kalvarienberg-Andachten nahmen auch Pilgergruppen aus Polen und Mähren teil.

Mit seinen beiden besonderen Anziehungspunkten, dem Gnadenbild der heiligen Anna und der Kalvarie, wurde St. Annaberg zum bedeutendsten Wallfahrtsort Oberschlesiens und zunehmend auch ganz Ostdeutschlands.

1794 zählte man bereits 74.000 Pilger aus allen Teilen des Landes, die unter Entbehrungen oft tage- und nächtelang zu Fuß unterwegs waren. Der Berg mit seinen Heiligtümern zog die Menschen immer wieder wie eine magische, pulsierende Mitte an und entließ sie nach Einkehr und seelischer Tröstung erlebnisbereichert und geistlich gestärkt zurück in den Alltag.

Einen tiefen Einschnitt in der Geschichte des Annabergs brachte die Säkularisation des katholischen Kirchenbesitzes in ganz Schlesien durch den preußischen Staat im Jahre 1810. Auch das Franziskanerkloster auf dem Annaberg war davon betroffen und wurde am 7. Dezember 1810 durch den als Staatskommissar fungierenden Stadtrichter Cubale aus Cosel aufgelöst. Die Gebäude und der materielle Besitz wurden beschlagnahmt, die Ordensleute (8 Patres, 4 Laienbrüder) vom Berge verwiesen. Die Wallfahrtskirche selbst blieb geöffnet; sie wurde soweit als möglich von Geistlichen der benachbarten Pfarreien gottesdienstlich versorgt. Von der Einziehung nicht betroffen war die Kalvarie, die mitsamt dem Grund und Boden, auf dem sie stand, stets im Eigentum der Grafen von Gaschin geblieben war. Die Franziskaner hatten nur die geistliche Betreuung wahrgenommen. Der Ausfall der Franzis-kanerpatres in Kirche und Kalvarie bedeu-tete gleichwohl für das Wallfahrtsleben einen schweren Rückschlag. Für den preu-ßischen Staat wurde das beschlagnahmte, abseits gelegene Bergkloster jedoch zuneh-mend zu einer unerwünschten Last. Er überließ deshalb 1852 Kirche und Kloster dem Breslauer Bischof zur beliebigen Nut-zung und verkaufte ihm schließlich beide für den bescheidenen Betrag von 1600 Ta-lern. Das Eigentum an der Kalvarie war 1852 mit der Herrschaft Zyrowa, zu der sie inzwischen gehörte, vom Grafen von Ga-schin an den Grafen von Nostitz verkauft worden. Von diesem erwarb es der Bischof 1861/63, so daß sich nunmehr Kirche, Klo-ster und Kalvarie vereinigt in der Hand des Bischofs von Breslau befanden.

Auf Bitten Fürstbischof Heinrich För-sters übernahmen am 13. August 1859 Fran-ziskaner aus Westfalen das Kloster und die Wallfahrtsbetreuung. 1860 richteten sie ein Noviziat für dringend benötigten schlesi-schen Nachwuchs ein. Sie mußten dann im Kulturkampf 1875 den Annaberg wieder verlassen, kehrten aber 1887 zurück und blieben hier bis zur Ausweisung durch die Nationalsozialisten 1941.

Bereits wenige Jahre nach ihrem Neueinzug (vom 13. August bis 14. Septem-ber 1864) konnten die Franziskaner mit über 400 000 Pilgern den Beginn der Kal-varienbergandachten vor 100 Jahren fest-lich begehen und 1910 das 200-jährige Be-stehen der Kalvarie feiern.

Die um die Jahrhundertwende einset-zende neue Blüte fand u. a. darin ihren

St. Annaberg (Foto A. Kraft)

äußerlichen Ausdruck, daß das Kloster um einen Flügel erweitert, der Arkadenhof vor der Wallfahrtskirche neu gestaltet und 1912–1914 die Lourdes-Grotte einschließlich des davorliegenden großen Platzes auf einem zugeschütteten Steinbruch angelegt wurden. 1929–1938 erfolgte schließlich der Bau eines Pilgerheims für rund 2 000 Personen.

So entstand allmählich auf dem Bergrücken ein ganzer Komplex von Gebäuden, Kapellen und Plätzen, die zusammen ein weitläufiges sakrales Ensemble bildeten, an dem bald renoviert, bald umgebaut oder etwas Neues hinzugefügt wurde.

Dieser äußere Befund war mit einer Erweiterung der inhaltlichen Funktionen verbunden, die seit der Mitte des 19. Jahrhunderts mit dem Übergang des Annabergs in den Besitz und in die Obhut des Bistums Breslau einsetzte, dessen Bischöfe sich nun mit großer Regelmäßigkeit hier einfanden. Zu den traditionellen Aufgaben des Annaberges kamen jetzt neue und zum Teil überregionale hinzu: Er entwickelte sich von einem Brennpunkt spätmittelalterlicher Sankt-Anna-Verehrung und barocker Frömmigkeit (Kalvarie) unter Aufnahme religiöser Zeitströmungen zu einem modernen Begegnungs-, Bildungs- und Aktionszentrum der Breslauer Diözesanseelsorge.

Schon 1844 nahm von hier aus eine volkserzieherische Abstinenzbewegung gegen den grassierenden Alkoholmißbrauch ihren Ausgang. Dann wurden kürzere oder längere geistliche Übungen, Exerzitien und Einkehrtage abgehalten, zunächst für Geistliche, bald auch für Lehrer und Erzieher und schließlich für die verschiedensten Gruppen aus der breiten Masse der Bevölkerung.

Nach dem Ersten Weltkrieg traf sich der katholische Adel Oberschlesiens regel-

mäßig am St. Anna-Fest (26. Juli) auf dem Berg. »Das Kloster wurde mit seinen mannigfachen Tagungen, Kursen, Exerzitien und zahllosen Gruppenbesuchen, mit dem modernsten Missionsmuseum Ostdeutschlands und seinem großzügigen Pilgerheim religiöser Mittelpunkt des katholischen Volkes Oberschlesiens« (Teichmann).

Besondere Bedeutung erlangte die von der katholischen Arbeiterbewegung 1928 ins Leben gerufene Männerwallfahrt zum Feste Peter und Paul Ende Juni, an der bald jährlich an die 100 000, im Jahre 1939 – trotz nationalsozialistischer Gegenpropaganda und Behinderungen – 120 000 Männer teilnahmen. Keine andere deutsche Diözese hatte Ähnliches vorzuweisen.

Bei Kriegsausbruch dienten Kloster und Pilgerheim zunächst als Übergangslager für deutsche Flüchtlinge aus dem Kampfgebiet, dann wurde das Pilgerheim Lazarett und das Kloster 1941 – gegen den Protest des Breslauer Kardinals Bertram – von den Nationalsozialisten geschlossen, die Franziskaner aus dem Kreise Groß-Strehlitz ausgewiesen, die Kalvarienbergandachten eingestellt.

P. Felix Koss holte die Figur der hl. Anna-Selbdritt aus dem Hauptaltar, stellte eine Nachbildung hinein und bewahrte das Original zuerst in Oppeln, dann in Proskau und zuletzt in Glatz auf. Von dort kehrte das Gnadenbild nach Kriegsende 1945 auf den Annaberg an seinen alten Platz zurück. Auch die Franziskaner fanden sich, wenngleich dezimiert, wieder ein und setzten die glücklicherweise von größeren Kriegsschäden verschonten Gebäude instand. So war äußerlich bald wieder der Zustand der Vorkriegszeit auf dem Annaberg hergestellt.

Dennoch trat eine tiefe Zäsur ein: Der Annaberg verlor durch Flucht und Vertreibung seine deutschen Wallfahrer (ca. 600 000) und wurde – durch das Potsdamer Abkommen 1945 der staatlichen Verwaltung Polens unterstellt – damit zwangsläufig eindimensional polnisch, zugleich aber auch, unter Auslöschung aller sichtbaren Erinnerungen (z. B. der In- und Aufschriften) an die deutsche Vergangenheit, bewußt polonisiert. Die als Autochthonen zurückgebliebene zweisprachige oberschlesische Bevölkerung konnte sich dagegen nicht wehren. Sie siedelte später, als dies möglich wurde, vor allem in den 70er und 80er Jahren, zu Hunderttausenden nach Deutschland über und verstärkte so den bereits eingetretenen Aderlaß.

Die nach 1945 aus den verschiedenen Teilen Polens nach Oberschlesien gekommene – vielschichtige und von anderen kulturellen Wurzeln stammende landfremde polnische Bevölkerung trat nicht ohne weiteres in die bodenständige oberschlesische Annaberg-Tradition ein. Um sie zu gewinnen, wurden nicht nur die historischen polnischen Aspekte und Bezüge des Annabergs besonders betont und die deutschen übergangen, sondern auch eine Kopie der Muttergottes von Tschenstochau in einer Seitenkapelle der Annabergkirche aufgestellt.

Eine gewisse Öffnung und Rückbewegung zu den alten Gewohnheiten setzte erst 1989 ein, als nach mehr als vier Jahrzehnten erstmals wieder Gottesdienst in deutscher Sprache gehalten wurde. Vielleicht werden demnächst auch mährische Laute wieder als etwas Selbstverständliches zu hören sein.

Durch die Ausgliederung Oberschlesiens aus der großen Erzdiözese Breslau

Deutsches Gefallenendenkmal 1938–1945 (Foto A. Kraft)

133

und die Einrichtung einer Apostolischen Administratur 1945, dann seit 1972 einer Diözese Oppeln, hat der Annaberg einerseits seine frühere weite Ausstrahlung verloren, andererseits aber innerhalb der neuen kleineren Diözese an Bedeutung gewonnen. In Fortsetzung und Weiterentwicklung verschiedener Ansätze aus der Vorkriegszeit ist er heute mehr denn je nicht nur zentraler Wallfahrtsort, sondern zugleich auch das diözesane Zentrum der Seelsorge-Aktivitäten, der Begegnung sowie der religiös-pastoralen und kulturellen Fortbildung.

Darüber hinaus bildet der Annaberg, in noch stärkerem Maße womöglich als in früheren Jahrhunderten, für die verbliebene bodenständige – wie die vertriebene und ausgesiedelte – oberschlesische Bevölkerung ein in tiefen emotionalen Schichten wurzelndes Moment der Identifikation, wobei nicht das Sprachlich-Nationale, sondern die intensive Verbindung mit der heimatlichen Landschaft und Kultur den Ausschlag gibt.

1980 wurde die Wallfahrtskirche St. Anna anläßlich ihres (erschlossenen) 500jährigen Bestehens zur Basilika minor erhoben. Am 21. Juni 1983 stattete ihr und den Heiligtümern auf dem Annaberg Papst Johannes Paul II. einen Besuch ab, wobei mehr als eine Million Menschen aus nah und fern zusammenströmten. Dies war der erste Besuch eines regierenden Papstes auf dem Annaberg. Der später Papst Pius XI. hatte ihn noch vor Beginn seines Pontifikates am 14. Juni 1920 als päpstlicher Legat aufgesucht. Trotz dieses hohen Besuches und des sakralen, die Menschen zusammenführenden und versöhnenden Charakters des Berges konnte hier jedoch 1989 – wegen des Widerstandes gewisser polnischer Kreise – der vom Oppelner Bischof Alfons Nossol beabsichtigte deutsch-polnische Gottesdienst, an dem Bundeskanzler Helmut Kohl und der polnische Ministerpräsident Tadeusz Mazowiecki teilnehmen sollten, nicht stattfinden, sondern mußte in das ferne niederschlesische (früher evangelische) Kreisau verlegt werden.

Von Wallfahrten und Wallfahrern

Der älteste und Haupt-Wallfahrtstag des Annaberges war und ist das Anna-Fest am 26. Juli. Es wird, seitdem dieser Tag nicht mehr zugleich arbeitsfreier staatlicher Ruhetag ist, jeweils am nächstgelegenen Sonntag gefeiert. An der Wallfahrt beteiligen sich besonders Frauen und Mütter, doch kommen auch geschlossene Pfarrgemeinde-Prozessionen, oft 20 000 Menschen. Seit 1910 wird an diesem Tag das Gnadenbild in feierlicher Prozession der Geistlichkeit aus der Kirche zur Lourdes-Grotte getragen (wo der Festgottesdienst stattfindet) und danach zurück in die Kirche gebracht. Die Liturgie erfolgte früher in lateinischer Sprache, während deutsch und polnisch (nacheinander) gepredigt wurde. Gebete und Gesänge wechselten in beiden Sprachen. Dieses eintägige Fest der Patronin des Berges feierte man immer gemeinsam. Es war nicht mit Kalvarien- oder Marien-Andachten verbunden.

Die großen Wallfahrten oder Ablässe (so genannt, weil unter bestimmten Bedingungen Ablaß, d. h. Erlaß zeitlicher Sündenstrafen gewonnen werden konnte) dauerten mehrere (zumeist 2–3) Tage und fanden aus Anlaß der Feste Kreuzerhöhung (14. September), Mariä Himmelfahrt (15. August) und Heilige Schutzengel (Ende August) statt. Seit 1861 wurden sie getrennt nach Sprachgruppen gefeiert: Mariä Himmelfahrt am 14./15. August polnisch, eine Woche später deutsch; Kreuzerhöhung am 7./8. September deutsch, eine Woche später polnisch. Heilige Schutzengel (zwei Wochen nach Mariä Himmelfahrt) nur polnisch.

Bei Kreuzerhöhung steht das Leiden Jesu, wie es in den Kapellen des Kalvarien-berges eindrucksvoll dargestellt wird, im Mittelpunkt. In einem festgelegten dreitägigen Rahmenprogramm gehen die Pilger, einzeln oder in Gruppen, mit und ohne geistliche Betreuung, den kilometerlangen Passionsweg Christi von Station zu Station, wobei gebetet, gesungen und meditiert wird. Hinzu kommen Beichte und mehrfache Eucharistiefeier, für die oft 50 und mehr Geistliche bereitstehen. Die offiziellen, in der Art eines barocken Theatrum sacrum inszenierten Kalvarien-Andachten dauern mehrere Stunden und sind mit einer Prozession verbunden, in der, voran das Prozessionskreuz, begleitet von Fahnen und einer riesigen Musikkapelle (oft 300–400 Musiker), eine das Kreuz tragende Christusfigur mitgeführt wird. Bei jeder Station wird haltgemacht. Längere Predigten (7–8) und kürzere Betrachtungen, Gebete und Gesänge wechseln miteinander ab. Die Prozession beginnt bei der Raffaels-Kapelle nahe der Lourdes-Kapelle im Norden der Wallfahrtskirche und führt über Poremba, den Ölberg, das Josaphattal und das Osttor zu den Kapellen des Annas und Kaiphas, Pilatus und Herodes und von dort nach einer Pause über die eigentlichen 14 Kreuzwegstationen zur Kreuzkirche südlich der Wallfahrtskirche. Den Abschluß am Abend des ersten Tages bildet seit 1922 eine vieltausendköpfige Lichterprozession zur Lourdes-Grotte, wo eine Andacht mit Predigt gehalten wird. Ab 1861 wurden die bis dahin gemeinsamen Kalvarienandachten bei gleichem Ablauf nach Sprachgruppen getrennt, durchgeführt. Dazu gab es 1767 erstmals ein in Polnisch erschienenes, immer wieder aufgelegtes Wallfahrtsbüchlein mit Gebeten und Liedern »Nowa Jerozolima, albo kalwaria calej Meki Jezusowej … na Górach Chełm«, mit einer gleichlautenden deutschen Fassung »Das Neue Jerusalem oder die Kalvarie des ganzen Leidens des Herrn auf dem Chełmberg«. Die Lieder hatten selbstverständlich die gleiche Melodie.

Die Wallfahrten anläßlich der Feste Mariä Himmelfahrt und Heilige Schutzengel sind gleichartig gestaltet und der Marien-Verehrung gewidmet. Sie beginnen wiederum mit Beichte und Einkehr. Danach begibt man sich auf den Meditationsweg Mariens, der größtenteils mit dem in den Kalvarienkapellen dargestellten Passionsweg ihres Sohnes Jesus identisch ist, jedoch in umgekehrter Richtung, mit einigen Varianten zur Darstellung aus dem Marienleben, gegangen wird. Hierbei sollen Schmerzen und Leid der Muttergottes, die sie beim Kreuzweg ihres Sohnes erfahren hat, betrachtet werden. Man beginnt mit einer einleitenden Predigt bei der Kreuzkirche und begibt sich entlang der Passionsstationen zum sogenannten Haus Mariens, der Marienkapelle, von wo bei Trauermusik und Trauergesang eine Figur der toten, von den 12 Aposteln getragenen Muttergottes von schwarzgekleideten Mädchen mitgeführt wird. Durch das Josaphat-Tal zieht die Prozession – unter Halt und Predigt bei den einzelnen Stationen, Rosenkranzgebet und Gesang von Marienliedern – nach Poremba, wo in der Kirche »Mariä Himmelfahrt« ein symbolisches Marien-Begräbnis stattfindet und eine Abendandacht gehalten wird. Am nächsten Morgen, nach feierlichem Gottesdienst, zieht die Prozession von derselben Stelle mit einer von weißgekleideten Mädchen getragenen Figur der in den Himmel aufgenommenen Muttergottes (diesmal die glorreichen Stationen der Himmelfahrt Mariens betrachtend) nach dem gleichen

Ritual wie am Tage zuvor die Kalvarien-Allee hinauf zur Lourdes-Grotte, wo mit Andacht und sakramentalem Segen die Wallfahrt endet.

Für die großen Wallfahrten und das dabei gebotene sowohl die Sinne ansprechende als auch innerlich mitzuvollziehende religiöse Programm ist der anschauliche Begriff »Wanderexerzitien« geprägt worden.

Neben dem zentralen Annafest und den großen Wallfahrten gibt es traditionell noch eine Reihe von sogenannten kleinen Wallfahrten oder kleinen Ablässen. Sie dauern nur einen Tag und beschränken sich zumeist auf den Besuch der Wallfahrtskirche, Beichte und Teilnahme am Meßgottesdienst sowie das verkürzte Aufsuchen der 14 eigentlichen Kreuzweg-Stationen (die übrigen werden ausgelassen). Von solchen kleinen Wallfahrten oder Ablässen gibt es sieben polnische: Karfreitag, Fest Kreuzauffindung (2. Mai), Christi Himmelfahrt, Skapulierfest (16. Juli), Fest des hl. Petrus von Alcantara (19. Oktober), Portiuncula-Fest (2. August) und das Fest des hl. Franz von Assisi (4. Oktober); und einen deutschen: Pfingstmontag.

Wer waren nun die Wallfahrer, die seit dem ausgehenden Mittelalter zum Annaberg gepilgert sind? Zunächst wohl Menschen aus der unmittelbaren Umgebung des Berges, voran die adlige Familie von Stral, die das erste Anna-Kirchlein auf der ihr gehörenden Bergspitze erbaut hat. Da St. Anna eine spätmittelalterliche »Mode-Heilige« mit breiter Zuständigkeit (s. o.) war, mag sie entsprechend weiten Zuspruch bei Hoch- wie Niedriggestellten, bei Frauen und Männern (etwa den Flußschiffern auf der Oder) gefunden haben. Die oberschlesischen Bergleute kamen erst später, mit Beginn des hiesigen Bergbaus dazu.

In der bald einsetzenden Reformationszeit geriet die Annaberg-Wallfahrt offenbar in arge Bedrängnis und Verfall, da Markgraf Georg von Ansbach und sein Sohn aus der fränkischen Linie der Hohenzollern als Herzöge von Jägerndorf und Pfandherren des Fürstentums Oppeln-Ratibor (1531–1552) hier mit Nachdruck die Einführung der Reformation betrieben. Das Städtchen Leschnitz, wohin der Annaberg kirchlich gehörte, besaß noch in der 2. Hälfte des 16. Jahrhunderts protestantische Grundherren (Georg von Redern, August Colona). Die Annaberg-Kirche war damals zeitweise lutherisch, blieb es aber kaum längere Zeit. 1599 gab es bereits wieder Wallfahrten. Sie erfuhren zu Beginn des 17. Jahrhunderts einen mächtigen Auftrieb, als die neue Anna-Selbdritt-Statue mit den eingeschlossenen Anna-Reliquien

(bisher Privatbesitz) von dem in bischöflichen Diensten stehenden Nikolaus von Kochtitzky auf den Berg gebracht wurde. Damit wurde - offensichtlich im Sinne der Gegenreformation - nicht zuletzt das Ziel verfolgt, den an viele Orte Oberschlesiens vorgedrungenen Protestantismus zu bekämpfen und den geschwächten Katholizismus mit sinnfällig wirksamen Mitteln zu stärken (Heilskraft der Reliquien, Gebetserhörungen, Wunder). Angesprochen waren dabei alle Schichten der Bevölkerung in Stadt und Land, nicht nur im näheren, sondern auch im weiteren Umkreis des Berges: Das genannte Doppelanliegen war kein lokal begrenztes, sondern ein landesweites. So hat denn Graf Melchior Ferdinand von Gaschin, kaiserlicher Gefolgsmann und Landeshauptmann der Fürstentümer Oppeln-Ratibor, nicht nur den

Diese Ansichtskarte vom St. Annaberg stammt aus dem Jahre 1900.

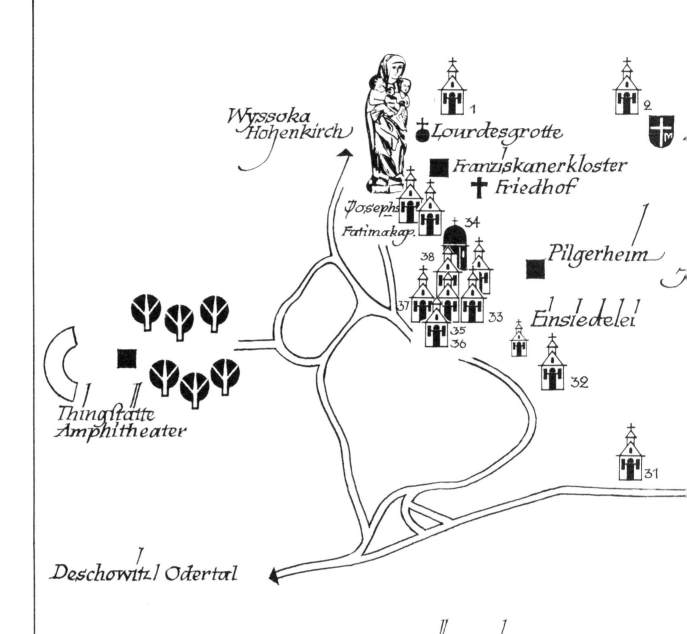

Wyssoka
Hohenkirch

Lourdesgrotte

Franziskanerkloster

Friedhof

Josephs
Fatimakap.

Pilgerheim

Einsiedelei

Thingstätte
Amphitheater

Deschowitz/ Odertal

1 Raphaelkapelle
2 Kap. Krönung Mariens
3 Kap. Mariä Himmelfahrt
4 K. Jesus nimmt v. Maria Abschied
5 Kap. Königin der Patriarchen
6 Kap. Königin der Engel
7 Kap. Mutter der Barmherzigk.
8 Kirche M. Himmelfahrt in
   Poremba (Grab Mariens)
9 Kap. Garten Gethsemani
10 Kap. Verrat des Judas
11 Kap. 6. Begräbnisstation
12 Kap. Bach Cedron
13 Kap. Osttor

14 Kap. 4. Begräbnisstation
15 Kap. 3. Begräbnisstation
16 Kap. 2. Begräbnisstation
17 Kap. Haus Mariens
18 Kap. Letztes Abendmahl
19 Kap. Palast des Annas
20 Kap. Palast d. Kaiphas (Gef.)
21 Kap. Palast des Herodes
22 Kap. Heilige Stiege
23 Kap. Rathaus des Pilatus
24 Kap. Frau des Pilatus
25 Kap. Kreuzauflegung Jesu
26 Kap. 1. Fall Jesu
27 Kap. Herz Mariae

28 Kap. Simon
29 Kap. Heilig
30 Kap. 2. Fall
31 Kap. Wein
32 Kap. 3. Fall
33 Kap. Entbl
34 Kirche Heil
35 Kap. Salbu
36 Kap. Grab
37 Kap. Mari
38 Kap. Hl. h

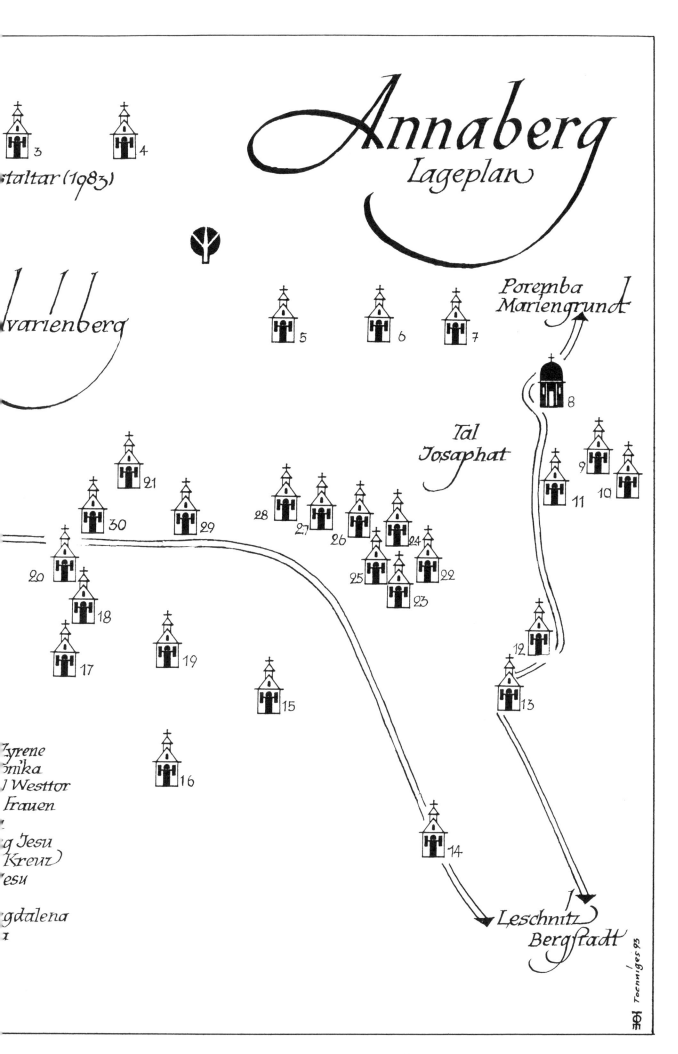

Annaberg
Lageplan

staltar (1983)

varienberg

Poremba
Mariengrund

Tal
Josaphat

Leschnitz
Bergstadt

Tochniges 95

yrene
mika
Westtor
Frauen

Jesu
Kreuz)
esu

gdalena

Annaberg mit der Grundherrschaft Zyrowa in seinen Besitz gebracht, sondern auch die Ansiedlung der Franziskaner auf dem Berg als volksnahe Wallfahrtsbetreuer und erfahrene, erfolgreiche Volksmissionare betrieben. Der nächste, ergänzende Schritt sollte die ebenfalls volksmissionarisch einzusetzende Kalvarie mit ihren szenischen Darstellungen sein, die freilich erst der Neffe und Erbe Graf Melchiors ausführen konnte. Zur vollen Entfaltung ihrer Wirkung bedurfte sie der professionellen Inszenierung der Kalvarienberg-Andachten. Der Annaberg wuchs so zu einem kirchlich-politischen Brenn- und Anziehungspunkt ganz Oberschlesiens und hat nicht wenig zu dessen durchgreifender Rekatholisierung unter der Regierung des Hauses Habsburg sowie der besonderen Ausprägung der oberschlesischen Katholizität beigetragen.

Zum Zeitpunkt der endgültigen Übernahme der in der 2. Hälfte des 18. Jahrhunderts von den preußischen Hohenzollern in langen Kriegsjahren über Schlesien errungenen Herrschaft waren die konfessionell-mental-kulturellen Verhältnisse in Oberschlesien bereits so verfestigt, daß sie sich nicht mehr leicht und ohne Zwang verändern ließen. Gegenüber der neuen norddeutsch-protestantischen Staatsmacht, ihren vielfach landfremden Trägern, ihrer Nüchternheit und Rationalität mußte den eingesessenen katholischen Oberschlesiern der sinnenfrohe barocke Annaberg mit seinen Heiligtümern in ihrer Landesmitte als wohltuend-schützendes Refugium und Inbegriff der gewachsenen eigenen Identität erscheinen.

Zusätzlich zur konfessionellen Sonderstellung Oberschlesiens in der überwiegend protestantischen preußischen Monarchie erwuchs – mit dem raschen Wachstum des gewaltigen Bergbau- und Industriereviers – eine sich verschärfende soziale Problematik in der Arbeiterschaft, teilweise auch in der Landwirtschaft, die dann noch im 19. und 20. Jahrhundert durch das Aufkeimen nationaler Konflikte gesteigert wurde. Die katholischen Oberschlesier in allen Landesteilen, Ständen und gesellschaftlichen Schichten hatten daher Grund genug, in ihren vielfältigen Nöten immer wieder Zuflucht und Trost auf dem heimatlichen Annaberg zu suchen. Die ständig steigenden Zahlen von Wallfahrern bringen dies deutlich zum Ausdruck.

Mit dem Übergang des Annabergs in den Besitz und die Obhut des Bischofs von Breslau wurde der Ausstrahlungs- und Einzugsbereich auf das ganze Bistum und die spätere ostdeutsche Kirchenprovinz ausgeweitet. Da überdies Teile des Bistums in Österreich-Schlesien bzw. seit 1918 in der Tschechoslowakei lagen, war auch dorthin eine grenzüberschreitende Brücke geschlagen. Umgekehrt befand sich ein Zipfel des mährischen Bistums Olmütz um Leobschütz, Katscher, Hultschin innerhalb Preußisch-Schlesiens in unmittelbarer Nähe und im Einzugsbereich des Annabergs. Auch von dorther kamen regelmäßig Pilger.

Pilgerte man früher einzeln, mit seiner Familie und Verwandtschaft oder in Prozessionen der Pfarrgemeinden zum Annaberg, so wurde dieser nun zunehmend das Ziel auch anders zusammengesetzter Gruppen. Kirchliche Bruderschaften, voran die St. Anna-Bruderschaft, nahmen oder hatten hier ihren Sitz. Die Abstinenzbewegung zur Eindämmung des Alkoholmißbrauchs ging in der Mitte des 19. Jahrhunderts von hier aus. Geistliche kamen, um Exerzitien zu machen. Ihnen folgten bald Lehrer und Erzieher, dann Angehörige verschiedener Vereine, Stände und Gruppen. Der Annaberg wurde so mehr und mehr zu einem Zentrum der Volksmission und der zeitgemäßen religiösen Bildung für die ganze Diözese.

Der oberschlesische katholische Adel fand sich alljährlich zum St. Anna-Fest ein, die Männer des Landes wallfahrteten (1928–1939, dann wieder seit 1947) Ende Juni und bezeugten damit öffentlich – auch in der Zeit des Nationalsozialismus und Kommunismus – ihren Glauben.

An bestimmten anderen Tagen des Jahres kommen seit längerer oder kürzerer Zeit Taubstumme, Blinde mit ihren Führern, Kranke mit Betreuern und Ärzten, Kinder mit ihren Eltern (Jungfamilien), Mädchen, Schüler und Studenten, Ministranten, Ordensschwestern, Priester, Kirchenchöre und seit einigen Jahren auch Zigeuner. Der Berg wechselt so sein Aussehen von Wallfahrtstag zu Wallfahrtstag. Dies gilt auch für den Ablauf der jeweiligen Wallfahrt und die Teilnehmerzahlen, die zwischen einigen Hundert und vielen Tausend schwanken.

Unabhängig von diesen verschiedenen Standes- und Gruppenwallfahrten zu festen jährlichen Terminen sowie den besonders viele Menschen anziehenden traditionsreichen großen und kleinen Ablässen mit ihrem festgefügten Ritual, finden sich das Jahr über an jedem Sonntag (aber auch an Werktagen) einzelne Annabergbesucher (zum Teil auch Gruppen) ein, um hier individuell zu beten, den Gottesdienst zu besuchen, Kirchen und Kapellen zu besichtigen und sich an der Naturschönheit des Berges und seiner weiten Aussicht zu erfreuen. Dazu gesellen sich mehr und mehr auch Touristen aus dem In- und Ausland.

Jährlich dürften so heute etwa 500 000 Menschen den Annaberg besuchen, der natürlich auch über die für einen Wallfahrtsort üblichen gastronomischen Einrichtungen, Andenkenläden und dergleichen mehr verfügt. Von ihnen lebt die Ortsgemeinde St. Annaberg seit Generationen.

Es gibt keinen Ort in ganz Oberschlesien, an dem das Herz des Landes und seiner Menschen vernehmlicher und höher schlägt als hier!

Sankt Anna-Wallfahrtslied

Sankt Anna, voll der Gnaden, du Bild der Heiligkeit.
Gepriesen sei dein Name jetzt und in Ewigkeit.
Wir loben dich, Sankt Anna, heil'ge Mutter Anna,
Sankt Anna bitt für uns!

Voll Mitleid und Erbarmen warst du für jedermann.
Wie nahmst du dich der armen, verlaß'nen Menschen an.
Wir loben dich, Sankt Anna, heil'ge Mutter Anna,
Sankt Anna bitt für uns!

Auch ich will stets mit Freuden die Trauernden erfreu'n,
Wenn meine Brüder leiden, will ich ihr Helfer sein.
Wir loben dich, Sankt Anna, heil'ge Mutter Anna,
Sankt Anna bitt für uns!

Literaturhinweise

Bolczyk, P. Camillus
St. Annaberg. Geschichte des berühmten Wallfahrtsortes im Herzen Oberschlesiens. 2. Aufl. Breslau 1937.

Geschichte Schlesiens, herausgegeben von der Historischen Kommission für Schlesien.
Band I   (Mittelalter). 5. Aufl. Sigmaringen 1988.
Band II   (1726-1740). 2. Aufl. Sigmaringen 1988.
Band III (1740-1945), in Druckvorbereitung ebenda.

Hanich, Andrzej
Góra Świętej Anny. Sanktuarium Diecezji Opolskiej. Aschaffenburg 1985 (Deutsche Übersetzung von R. Kijowski: Góra Św. Anny. St. Annaberg, ein oberschlesischer Wallfahrtsort, 1987).

Katalog zabytków sztuki w Polsce, Tom VII, Województwo Opolskie, Powiat Strzelecki. Warszawa 1961.

Knötel, Paul
Geschichte Oberschlesiens. Kattowitz 1906.

Körner, Günter
Einsatz des Selbstschutzes in Oberschlesien 1921. Dülmen 1981.

Kuhn, Walter
Siedlungsgeschichte Oberschlesiens. Würzburg 1954.

Kuhn, Walter
Geschichte Oberschlesiens im Mittelalter. In: Jahrbuch der Schlesischen Friedrich-Wilhelm-Universität zu Breslau 24, 1983, S. 1-50.

Menzel, Josef Joachim
Individualität und Bedeutung der Geschichts- und Kulturlandschaft Schlesien. München 1985.

Nowack, Alfons
Der St. Annaberg in Oberschlesien. In: Schlesische Wallfahrtsorte älterer und neuerer Zeit im Erzbistum Breslau. Breslau 1937, S. 14-21.

Oberschlesische Bibliographie, herausgegeben von Hans Bellée und Lena Bellée-Vogt. Leipzig-Oppeln 1938. Band I S. 49/50; 589/590.

Reisch, P. Chrysogonus
Gedenkblatt zum 200jährigen Bestehen der Kalvarie St. Annaberg. Breslau 1909.

Reisch, P. Chrysogonus
Geschichte des St. Annaberges in Oberschlesien. Breslau 1910.

Rogier, H. (Hrsg.)
Der Annaberg OS. Sankt Annaberg 1938.

Teichmann, P. Lucius
St. Annaberg, Franziskanerkloster. In: Jahrbuch der Schlesischen
Friedrich-Wilhelms-Universität zu Breslau 30, 1989, S. 29-43.

Weczerka, Hugo (Hrsg.)
Handbuch der historischen Stätten: Schlesien. Stuttgart 1977.

Wientzek, Wolfgang
Land und Volk um den Annaberg. Habelschwerdt 1931.

Bildnachweis

Die drei beigefügten Karten zeichnete Franz Toenniges.

Schutzumschlag vorn:
Blick auf den St. Annaberg
Schutzumschlag hinten:
Figur St. Anna Selbdritt. Die aus Lindenholz
geschnitzte Plastik ist 55 cm hoch und zeigt die hl. Anna,
wie sie auf dem rechten Arm ihren Enkel Jesus trägt
und auf dem linken ihre Tochter Maria.
Seite 1: St. Anna Selbdritt
Seite 2/3: Kreuzigungsgruppe (im Paradieshof)

Die historischen Abbildungen Im Text stammen aus folgenden Quellen:
Seite 1: Archiv des A. Kraft Verlages
Seite 25: Kriegs- und Domänenkammer Breslau. Pars I; UB Breslau. Sign. IV. F. 113b (t. 1),
tomus III
Seite 125: Erle Bach: Oberschlesien in Farbe. Vom Sudetenland zur Oberschlesischen Platte.
Adam Kraft Verlag, 1991
Seite 129: Franz Schroller: Schlesien. Eine Schilderung des Schlesierlandes. Dritter Band.
Weidlich Reprints. 1980
Seite 133/137: A. Kraft/H. Niekrawietz: Schlesien. Ein Bildwerk der unvergessenen Heimat.
Adam Kraft Verlag 1973
Seite 137: Hajo Knebel (Hrsg.): Oberschlesien in alten Ansichtskarten. Flechsig Verlag 1983

Ich danke allen, die meine Arbeit an diesem Projekt unterstützt haben.
Vor allem meiner Frau Elisabeth für Geduld und Verständnis während meiner
Schlesienaufenthalte, meinen Eltern fürs gleiche.
Heinrich Dubiel für unersetzliche Hilfe beim »neuen Anfang«.
Besonderen Dank an alle Ordensbrüder vom Kloster auf dem »St. Annaberg«. Pater
Teofil für freundliche Unterstützung, Bruder Küster für unschätzbare und liebens-
würdige Hilfsbereitschaft, sonderlich bei Aufnahmen von St. Anna.
Nicht zu vergessen das große Pilgervolk, dank dem dieses Buch überhaupt zustande
kommen konnte. Ich bedanke mich für die leise Zustimmung, oft auch dem einzel-
nen Wallfahrer mit der Kamera in die Augen schauen zu dürfen.
Alle Fotos sind auf FUJI FILM mit NIKON CAMERAS entstanden.

Markus Dworaczyk